DE ULTIEME CIABATTA CRE ATIEGIDS

100 ambachtelijke recepten voor het thuis maken van taaie en knapperige ciabatta

Nina Bosman

INHOUDSOPGAVE

INVOERING

Welkom bij 'DE ULTIEME CIABATTA CRE ATIEGIDS', waar we aan een reis beginnen om de kunst van het maken van taai en knapperig ciabattabrood onder de knie te krijgen, gewoon in het comfort van uw eigen huis. Ciabatta, met zijn kenmerkende, taaie binnenkant en knapperige korst, is een geliefd Italiaans brood dat de harten en smaakpapillen van broodliefhebbers over de hele wereld heeft betoverd. In dit kookboek vieren we de schoonheid en veelzijdigheid van ciabatta met 100 ambachtelijke recepten die je zullen inspireren om een broodmaestro te worden.

In dit kookboek ontdek je een schat aan recepten die de eindeloze mogelijkheden van ciabattabrood laten zien. Van klassieke broden en rustieke broodjes tot innovatieve sandwiches en decadente desserts: elk recept is samengesteld om de unieke textuur en smaak van dit geliefde brood te benadrukken. Of je nu een beginnende bakker of een doorgewinterde professional bent, deze recepten begeleiden je bij het maken van authentiek ciabattabrood dat kan wedijveren met het brood dat je in ambachtelijke bakkerijen vindt.

Wat "DE ULTIEME CIABATTA CRE ATIEGIDS" onderscheidt, is de nadruk op vakmanschap en techniek. Met gedetailleerde instructies, handige tips en stapsgewijze handleidingen leert u de geheimen van het bereiken van de perfecte balans tussen kauwgom en knapperigheid die geweldig ciabattabrood definieert. Of u nu het deeg met de hand kneedt of een keukenmixer gebruikt, de broden vormgeeft of de korst inkerft, elke stap is essentieel voor het creëren van ciabatta-perfectie.

In dit kookboek vindt u praktisch advies over ingrediënten, apparatuur en baktechnieken, zodat u keer op keer professionele resultaten kunt bereiken. Of u nu voor uw gezin aan het bakken bent, een etentje organiseert of gewoonweg geniet van een zelfgemaakte traktatie, "DE ULTIEME CIABATTA CRE ATIEGIDS" stelt u in staat uw creativiteit de vrije loop te laten en een meesterbroodbakmachine in uw eigen keuken te worden.

KLASSIEKE CIABATTA

1.Basis ciabatta

INGREDIËNTEN:
- 4 kopjes broodmeel
- 2 theelepels instantgist
- 2 theelepels zout
- 1 ½ kopje lauw water
- Olijfolie (om in te vetten)

INSTRUCTIES:
a) Meng in een grote mengkom het broodmeel, de instantgist en het zout. Goed mengen.

b) Voeg geleidelijk het lauwe water toe aan de droge ingrediënten, roer met een lepel of met je handen tot er een plakkerig deeg ontstaat.

c) Dek de kom af met een schone theedoek en laat het deeg ongeveer 15 minuten rusten.

d) Na het rusten een schoon werkoppervlak en uw handen lichtjes oliën om plakken te voorkomen. Breng het deeg over op het oppervlak.

e) Begin met het kneden van het deeg door het over zichzelf heen te vouwen, uit te rekken en vervolgens opnieuw te vouwen. Herhaal dit proces ongeveer 10-15 minuten, of totdat het deeg glad, elastisch en minder plakkerig wordt.

f) Doe het geknede deeg in een licht geoliede kom, dek het af met een theedoek en laat het op een warme plaats ongeveer 1-2 uur rijzen, of tot het in volume verdubbeld is.

g) Zodra het deeg is gerezen, leg je het voorzichtig op een met bloem bestoven oppervlak. Zorg ervoor dat u het niet te veel laat leeglopen.

h) Verdeel het deeg in twee gelijke porties en vorm elke portie in een langwerpige ovale vorm, die lijkt op een pantoffel of een sandaal. Leg de broden op een bakplaat bekleed met bakpapier.

i) Bedek de broden met een theedoek en laat ze nog eens 30-45 minuten rijzen, of totdat ze zichtbaar uitzetten.

j) Verwarm de oven voor op 220°C.

k) Optioneel: Maak met een scherp mes of scheermesje diagonale sneden over de bovenkant van elk brood om een rustiek patroon te creëren.
l) Plaats de bakplaat met de broden in de voorverwarmde oven en bak ongeveer 20-25 minuten, of totdat het brood goudbruin kleurt en hol klinkt als je op de bodem tikt.
m) Eenmaal gebakken, haal je de ciabatta uit de oven en laat je ze afkoelen op een rooster voordat je ze snijdt en serveert.

2.Rogge Ciabatta

INGREDIËNTEN:

- 7 oz. (200 g) tarwezuurdesemstarter
- ½ kopje (50 g) fijn roggemeel
- 4 kopjes (500 g) tarwemeel
- ca. 1⅔ kopjes (400 ml) water, kamertemperatuur
- ½ eetlepels (10 g) zout
- olijfolie voor de kom

INSTRUCTIES:

a) Meng alle ingrediënten behalve het zout en kneed goed. Voeg het zout toe.

b) Doe het deeg in een ingevette mengkom. Dek af met plasticfolie en laat het deeg een nacht in de koelkast staan.

c) Giet het deeg de volgende dag voorzichtig op een baktafel.

d) Vouw het deeg op en laat het ongeveer 5 uur in de koelkast staan. Vouw het deeg ieder uur opnieuw.

e) Giet het deeg op tafel. Snijd het in stukken van ongeveer 10 x 15 cm en plaats ze op een ingevette bakplaat. Laat ze nog eens 10 uur rijzen in de koelkast. Daarom duurt het maken van dit brood ongeveer 2 dagen.

f) Initiële oventemperatuur: 250°C (475°F)

g) Plaats de broden in de oven. Strooi een kopje water op de bodem van de oven. Verlaag de temperatuur tot 210°C en bak ongeveer 15 minuten.

h) Vouw het deeg dicht en laat het ongeveer 5 uur in de koelkast staan. Herhaal het vouwen een keer per uur gedurende deze periode.

i) Leg het deeg op het met bloem bestoven oppervlak en rek het uit.

j) Snijd het deeg in stukken van ongeveer 2 x 6 inch (10 x 15 cm).

3.Zuurdesem Ciabattabrood

INGREDIËNTEN:
- 360 gram (ongeveer 1,5 kopjes) water
- 12 gram (ongeveer 2 theelepels) zout
- 100 gram actieve zuurdesemstarter
- 450 gram broodmeel

INSTRUCTIES:
MENG HET DEEG:
a) Doe het water in een grote kom. Voeg het zout toe en roer kort door.

b) Voeg de starter toe en roer kort door. Voeg de bloem toe en roer tot je een natte, plakkerige deegbal hebt. Kneed indien nodig kort met je handen om de bloem op te nemen. Dek af met een theedoek of een stoffen komafdekking en laat 30 minuten staan.

c) Rekken en vouwen: Pak met natte handen een kant van het deeg vast en trek het omhoog en naar het midden. Draai de kom een kwartslag en herhaal het grijpen en trekken. Doe dit totdat je een volledige cirkel hebt gemaakt.

d) Bedek de kom. Herhaal dit proces nog drie keer met tussenpozen van 30 minuten, zodat u in totaal vier sets rek- en vouwbewegingen maakt in de loop van twee uur.

BULKFERMENTATIE:
e) Breng het deeg over in een bak met rechte zijkanten. Bedek het vat met een handdoek. Laat bij kamertemperatuur rijzen tot het deeg bijna in volume is verdubbeld (reken op een volumetoename van 75%). De tijden variëren afhankelijk van uw omgeving en de sterkte van uw starter.

f) Dek de kom af met een deksel (idealiter) of met een handdoek (als u een handdoek gebruikt, smeer dan de bovenkant van het deeg in met olie om te voorkomen dat het uitdroogt.) Zet het 12-24 uur in de koelkast.

VORM:
g) Haal het vat uit de koelkast. Verwijder het deksel. Bestrooi de bovenkant van het deeg rijkelijk met bloem. Leg het deeg op een met bloem bestoven werkoppervlak. Dep het deeg in een rechthoek.

h) Bestrooi de bovenkant met bloem. Gebruik een bankschraper om het deeg verticaal doormidden te snijden. Maak vervolgens drie sneden op gelijke afstand van elkaar in elke helft om 8 kleine rechthoeken te creëren.

i) Bekleed een bakvorm met bakpapier. Breng elke rechthoek met bebloemde handen over in de voorbereide pan en trek hem voorzichtig naar buiten. Bedek de pan met een handdoek. Laat een uur staan.

BAKKEN:

j) Verwarm de oven tot 475ºC. Zet de pan in de oven en bak gedurende 10 minuten. Verlaag het vuur tot 450ºC, draai de pan en bak nog 10 minuten. Haal de pan uit de oven.

k) Breng de ciabattabroodjes over naar een koelrek. Laat 20 tot 30 minuten afkoelen voordat u het aansnijdt.

4.Ciabatta-broodjes

INGREDIËNTEN:

- 1 theelepel instantgist
- 240 gram water, op kamertemperatuur (ongeveer 1 kopje)
- 300 gram bloem voor alle doeleinden (ongeveer 2,5 kopjes)
- 1 theelepel zout

INSTRUCTIES:
BEREIDING VAN HET DEEG (1 UUR STIJGTIJD):

a)   Los de instantgist in een klein kopje op in lauw water en roer om alles te mengen (het mengsel moet beginnen te borrelen en een gistachtig aroma ontwikkelen). Laat het 2 minuten zitten.

b)   Voeg bloem en zout toe in een grote kom. Giet het gistmengsel erbij en klop tot het volledig gemengd is, terwijl je langs de zijkanten van de kom schraapt (er mogen geen droge bloemdeeltjes zichtbaar zijn). Het mengsel is erg plakkerig en nat, met een hydratatie van 80% (bloem/waterverhouding).

c)   Bedek de kom met plasticfolie en laat hem 1 uur op kamertemperatuur staan

REK HET DEEG UIT EN VOUW HET (1,5 UUR RIJSTIJD):

d)   Doe wat water op je handen, rek het deeg uit en vouw het in de kom door de randen naar het midden te vouwen, rand voor rand. Natte handen maken het gemakkelijker om met het deeg te werken en het duurt minder dan een minuut om alle vier de zijden te vouwen. Dek af met plasticfolie en laat het deeg 30 minuten rusten.

e)   Herhaal deze rek- en vouwstap, dek af met plasticfolie en laat het deeg nog eens 30 minuten rusten. Herhaal vervolgens de rek- en vouwstap nog een laatste keer en laat het nog eens 30 minuten rusten. Na 3 rondjes strekken en vouwen met een rustperiode van 30 minuten, zal het deeg rijzen en ongeveer in omvang verdubbelen.

VORM HET DEEG (40 MINUTEN RIJSTIJD):

f)   Breng het deeg over naar een met bloem bestoven oppervlak. Houd er rekening mee dat het deeg nog steeds erg plakkerig zal zijn en dat is oké. Bestrooi het deeg met een beetje bloem en vorm het tot een rechthoek door het deeg voorzichtig van onderaf te trekken. Zorg ervoor dat u het deeg niet aandrukt, omdat de luchtgaten die erin zitten, eruit kunnen worden geperst.

g) Rol het deeg uit tot een blok en druk op de rand om het af te dichten. Verdeel het opgerolde deeg in 4-5 gelijke delen en plaats elk stuk minstens vijf centimeter uit elkaar op een goed met bloem bestoven werkoppervlak. Laat het deeg ongeveer 40 minuten rusten. Dit wordt de definitieve proefdruk genoemd.

BAK DE CIABATTA ROLLEN:

h) Breng elk deeg voorzichtig over op een met bakpapier beklede bakplaat van 8x12 inch. Omdat het deeg nog steeds behoorlijk plakkerig is, bestuif je het met bloem om het makkelijker te kunnen hanteren. Opzij zetten.

i) Vul een bakvorm met water en plaats deze op de bodem van uw oven. Verwarm de oven voor op 420 F en laat hem zich vullen met stoom uit het water. Als de oven klaar is, schuif je de bakplaat naar binnen en spuit je meteen wat water over het deeg. Bak gedurende 20 minuten.

j) Laat het brood 20 minuten afkoelen.

k) Om te controleren of het brood gaar is, kunt u met uw vinger op de onderkant van het brood kloppen. Het brood klinkt hol als het klaar is.

5.Broodmachine Ciabatta

INGREDIËNTEN:
GROOT
- ⅛ theelepel instant- of broodmachinegist
- ½ kopje (114 g) water, afkoelen
- 1 kop (120 g) ongebleekte bloem voor alle doeleinden

CIABATTA DEEG
- ½ kopje (114 g) water, afkoelen
- ¼ kopje (57 g) melk, afgekoeld
- 1½ theelepel tafel- of zeezout
- 2 kopjes (240 g) ongebleekt bloem voor alle doeleinden
- ½ theelepel instant- of broodmachinegist
- bloem of griesmeel om het bord en uw handen met bloem te bestrooien

INSTRUCTIES:
HET MENGEN VAN DE BIGA
a) Combineer ⅛ theelepel instant- of broodmachinegist, ½ kopje (114 g) water, laat afkoelen en 1 kopje (120 g) ongebleekte bloem voor alle doeleinden in de broodmachinepan. (Gebruik een andere bak als u uw broodmachine niet zo lang wilt laten staan.) Selecteer het DEEG-programma en zet deze ongeveer 5 minuten aan om de ingrediënten te mengen. Gebruik een kleine spatel om overtollige bloem uit de hoeken in het natte bloemmengsel te schrapen. Schakel de machine uit of haal de stekker uit het stopcontact en laat hem 12 tot 24 uur staan.

b) Als u de biga niet binnen 24 uur gebruikt, plaats het schuimige mengsel dan in de koelkast. De smaak wordt alleen maar beter – tot 3-4 dagen. Laat de biga op kamertemperatuur komen voordat je doorgaat naar de volgende stap.

HET CIABATTA DEEG MENGEN
c) Voeg in de aangegeven volgorde ½ kopje (114 g) water toe, afgekoeld, ¼ kopje (57 g) melk, koel, 1½ theelepel tafel- of zeezout, 2 kopjes (240 g) ongebleekte bloem voor alle doeleinden en ½ theelepel instant of brood machinegist tot de biga in uw broodmachine.

d) Selecteer de DEEG-cyclus en druk op start. Open na 15-20 minuten het deksel en controleer het deeg. Het deeg moet er glanzend uitzien, maar zal nog steeds plakkerig zijn. Het deeg zal rond de peddel(s) wikkelen.

e) Als het deeg helemaal niet aan de zijkanten plakt, voeg dan 1 eetlepel water per keer toe. Als het deeg meer op een dik pannenkoekbeslag lijkt, voeg dan 1 eetlepel extra bloem per keer toe. Als u uw bloem correct heeft afgewogen, zijn er hopelijk geen aanpassingen nodig.

f) Wanneer het kneden stopt, haalt u de pan uit de machine. Laat de DOUGH-cyclus niet eindigen zoals u normaal zou doen.

g) Spuit een vierkante of rechthoekige container van 3 liter lichtjes in met olie. Gebruik een borstel of je hand om de binnenkant van de container te bedekken.

h) Gebruik een ingevette spatel om het kleverige deeg uit de bakvorm van de broodmachine te halen en in een goed ingevette plastic bak te doen. Smeer alle oppervlakken van het deeg in door het deeg om te draaien met de spatel.

i) Dek af en laat het deeg op kamertemperatuur rijzen. Probeer het niet te haasten. Laat het deeg rijzen tot het dubbel is. Dit kan een uur of langer duren als de kamer koud is.

j) Gebruik een ingevette spatel om deze in de hoeken onder het deeg te schuiven en til elke hoek en elke kant naar boven en naar het midden.

k) Dek af en laat 30 minuten staan.

l) Herhaal de vorige stap om de hoeken van het deeg naar het midden te tillen. Laat het deeg opnieuw 30 minuten rusten. Dit zorgt voor een gatenachtige textuur

HET CIABATTA-DEEG VORMEN

m) Gebruik bloem of griesmeel om het bord en uw handen met bloem te bestrooien. Maak het deeg leeg door de container ondersteboven op een bord of werkoppervlak te draaien. Het deeg moet dezelfde vierkante of rechthoekige vorm hebben als de container waarin het is gerezen. Pons het deeg niet naar beneden zoals bij normaal brooddeeg.

n) Spuit of bestrijk een bankschraper (of groot mes) met olijfolie. Gebruik het om de rechthoek deeg in de lengte doormidden te verdelen.

o) Vang de lange binnenranden van elk brood op met de geoliede bankschraper en trek het ongeveer halverwege over de bovenkant en naar de buitenrand toe. Hierdoor blijft er meer ruimte tussen elk brood.

p) Vang nu de buitenrand van elk brood (het brood dat op dit punt op het punt staat van de bakplaat te vallen) op met de bankschraper. Trek het opnieuw ongeveer halverwege over het brood, in de richting van het midden van de bakplaat.

q) Maak de vorm recht en maak deze schoon met een bankmes. Gebruik je goed ingevette of met bloem bestoven vingers (alsof je piano speelt) om kuiltjes in het deegoppervlak te maken.

TWEEDE RIJZEN EN BAKKEN

r) Als u een siliconenmat gebruikt, breng of trek de mat met de gevormde broden dan over op een randloze bakplaat.

s) Als u geen siliconenmat gebruikt, gebruik dan royaal met bloem bestrooide handen om de twee deegcilinders voorzichtig over te brengen naar een voorbereide bakplaat.

t) Dek de broden af, zodat het deeg niet uitdroogt en een korst vormt. Je kunt ook een groot stuk plasticfolie inspuiten met olie en de broden ermee bedekken.

u) Verwarm de oven voor op 230°C.

v) Laat de broden ongeveer 30-45 minuten rusten, of totdat ze opgezwollen zijn.

w) Spritz broden met water met behulp van een spuitfles. Bak op 230 °C gedurende 18-20 minuten. Spuit de broden nog een of twee keer tijdens de eerste 5 minuten bakken. Doe het snel, zodat uw oven niet te veel warmte verliest.

x) De broden zijn klaar als de korst goudbruin is en de interne temperatuur 98°C (210°F) bereikt.

y) Laat de broden minimaal een uur afkoelen op een koelrek voordat u ze aansnijdt.

6.Rijst Ciabatta

INGREDIËNTEN:
GLUTENVRIJ MENGSEL VOOR ALLES
- 6 kopjes steengemalen witte rijstmeel
- 3 1/4 kopjes sorghummeel
- 1 3/4 kopjes tapiocameel of zetmeel
- 1 1/4 kopjes aardappelzetmeel
- 1/4 kopje xanthaangom of psylliumschilpoeder

GLUTENVRIJ CIABATTABROOD
- 6 1/2 kopjes glutenvrij bloemmengsel voor alle doeleinden
- 1 eetlepel instantgist of droge actieve gist
- 1 tot 1 1/2 eetlepels grof koosjer zout
- 2 eetlepels geraffineerde suiker
- 3 3/4 kopjes lauw water
- perkamentpapier of maïsmeel

INSTRUCTIES:
GLUTENVRIJ MENGSEL VOOR ALLES
a)   Klop en meng de ingrediënten in een container met een deksel van 5 tot 6 liter.
b)   Werk af door de container op te pakken en krachtig te schudden totdat de bloem volledig gemengd is.
GLUTENVRIJ CIABATTABROOD
c)   Klop in een kom van 5 tot 6 liter of een staande mixer de bloem, gist, zout en suiker door elkaar.
d)   Voeg het lauwe water toe. Met lauw water (40ºC) kan het deeg in ongeveer 2 uur tot het juiste punt rijzen om te bewaren.
e)   Meng met het paddle-opzetstuk van de mixer tot het mengsel zeer glad is, gedurende ongeveer een minuut. U kunt ook een lepel of spatel gebruiken en gedurende één tot twee minuten goed met de hand mengen. Kneden is niet nodig. Breng het mengsel over naar een voedselcontainer met deksel (niet luchtdicht).
f)   Dek af met een deksel dat goed op de container past, maar opengebarsten kan worden, zodat het niet volledig luchtdicht is. Plasticfolie is ook prima. Laat het mengsel ongeveer 2 uur rijzen bij kamertemperatuur; bewaar het dan in de koelkast en gebruik het gedurende de volgende 10 dagen. Na de rijstijd van 2 uur kunt u op elk gewenst moment een portie van het deeg gebruiken. Volledig gekoeld nat deeg is minder plakkerig en gemakkelijker om mee te werken dan deeg op kamertemperatuur, maar wat je ook doet, sla het deeg niet plat - dit is niet nodig bij het bakken van glutenvrij brood.
g)   Op de bakdag: trek een stuk deeg van 1 pond (grapefruitgrootte) af en plaats het op een pizzaschep bereid met veel maïsmeel of op een groot stuk bakpapier. Druk het deeg voorzichtig in een langwerpig ovaal met een dikte van 3/4 inch van ongeveer 9 bij 5 inch. Gebruik natte vingers om het oppervlak glad te maken. Bestuif de bovenkant met rijstmeel en dek losjes af met plasticfolie of een omgekeerde kom.
h)   Laat het 30 minuten rusten bij kamertemperatuur. Het deeg zal er na 30 minuten niet uitzien alsof het veel gerezen is; dit is normaal. Verwijder de plasticfolie en bestuif met meer bloem als het meeste ervan loslaat of is opgenomen.

i)   Terwijl het deeg rust, verwarm je een steen of bakstaal voor in het midden van je oven, op 450ºC gedurende 30 minuten. U kunt ook een Nederlandse oven met deksel gedurende 45 minuten voorverwarmen op 450ºC. Als u steen of staal gebruikt, plaats dan een lege metalen vleeskuikenbak voor het vasthouden van water op de plank onder de steen of het staal.

j)   Schuif het brood op de voorverwarmde steen. Giet snel en voorzichtig 1 kopje heet water uit de kraan in de metalen grillplaat en sluit de ovendeur om de stoom op te vangen. Als u perkamentpapier op het staal of de steen gebruikt, verwijder dit dan na 20 minuten. Bak het brood in totaal 35 minuten. U kunt ook het stuk perkamentpapier als handvatten gebruiken en het met deeg beklede perkamentpapier voorzichtig in de voorverwarmde pan laten zakken. Dek af en plaats in de oven. Met de Dutch oven heb je geen stoombad nodig. Als u de voorverwarmde pan gebruikt, verwijder dan na 30 minuten het deksel en bak nog 5 minuten onafgedekt of tot de korst rijkelijk bruin is.

k)   Laat het brood volledig afkoelen, ongeveer 2 uur, op een rooster. Glutenvrij brood heeft twee uur volledige koeling nodig om volledig op te stijven.

l)   Bewaar het resterende deeg in de koelkast in een container met deksel of losjes in plastic verpakt en gebruik het gedurende de volgende 10 dagen. Als uw container niet wordt geventileerd, laat dan de gassen ontsnappen door het deksel de eerste paar dagen in de koelkast op een kier te laten staan. Daarna kan het gesloten worden.

7.Amandelmeel Ciabatta

INGREDIËNTEN:
- 2 kopjes amandelmeel
- 1/2 kopje kokosmeel
- 2 1/4 theelepel actieve droge gist (1 pakje)
- 1 theelepel zout
- 1 1/2 kopjes warm water
- 1 eetlepel honing (of een zoetstof naar keuze)
- 2 eetlepels olijfolie
- 1 theelepel xanthaangom (optioneel)

INSTRUCTIES:
a) Meng in een grote mengkom het amandelmeel, kokosmeel, actieve droge gist en zout. Meng ze goed door elkaar.

b) Meng in een aparte kom het warme water, de honing (of de door jou gekozen zoetstof) en olijfolie. Roer tot de honing is opgelost.

c) Giet het natte mengsel bij de droge ingrediënten en meng ze tot een deeg ontstaat. Indien gewenst kun je nu xanthaangom toevoegen voor een betere textuur, maar dit is optioneel.

d) Zodra het deeg goed gemengd is, vorm je het tot een ciabatta-vorm op een bakplaat bekleed met bakpapier.

e) Verwarm uw oven voor op 175°C.

f) Laat de ciabatta ongeveer 20 minuten rijzen. Gedurende deze tijd kunt u het afdekken met een schone theedoek.

g) Bak de ciabatta na het rijzen ongeveer 35-40 minuten in de voorverwarmde oven, of tot hij goudbruin is aan de buitenkant en hol klinkt als je erop tikt.

h) Laat de ciabatta afkoelen voordat u hem snijdt en serveert.

8.Cassavemeel Ciabatta

INGREDIËNTEN:

- 2 kopjes cassavemeel
- 1 kopje tapiocameel
- 2 1/4 theelepel actieve droge gist (1 pakje)
- 1 theelepel zout
- 1 1/2 kopjes warm water
- 1 eetlepel suiker
- 2 eetlepels olijfolie
- 1 theelepel xanthaangom (optioneel)

INSTRUCTIES:

a) Meng in een grote mengkom het cassavemeel, tapiocameel, actieve droge gist en zout. Meng ze grondig door elkaar.

b) Meng in een aparte kom het warme water, de suiker en de olijfolie. Roer tot de suiker volledig is opgelost.

c) Giet het natte mengsel in de kom met de droge ingrediënten en meng ze tot een deeg ontstaat. Als je wilt, kun je nu xanthaangom toevoegen voor een betere textuur, maar dit is optioneel.

d) Zodra het deeg goed gemengd is, vorm je het tot een ciabatta op een bakplaat bekleed met bakpapier.

e) Verwarm uw oven voor op 175°C.

f) Laat de ciabatta ongeveer 20 minuten rijzen. Gedurende deze tijd kunt u het afdekken met een schone theedoek.

g) Bak de ciabatta na het rijzen ongeveer 35-40 minuten in de voorverwarmde oven, of tot hij goudbruin is aan de buitenkant en hol klinkt als je erop tikt.

h) Laat de ciabatta afkoelen voordat u deze in stukken snijdt en serveert.

9.Kikkererwtenmeel Ciabatta

INGREDIËNTEN:

- 2 kopjes kikkererwtenmeel
- 1/2 kopje aardappelzetmeel
- 2 1/4 theelepel actieve droge gist (1 pakje)
- 1 theelepel zout
- 1 1/2 kopjes warm water
- 1 eetlepel suiker
- 2 eetlepels olijfolie
- 1 theelepel xanthaangom (optioneel)

INSTRUCTIES:

a) Meng in een grote mengkom het kikkererwtenmeel, aardappelzetmeel, actieve droge gist en zout. Meng ze grondig door elkaar.

b) Meng in een aparte kom het warme water, de suiker en de olijfolie. Roer tot de suiker volledig is opgelost.

c) Giet het natte mengsel in de kom met de droge ingrediënten en meng ze tot een deeg ontstaat. Als je wilt, kun je nu xanthaangom toevoegen voor een betere textuur, maar dit is optioneel.

d) Zodra het deeg goed gemengd is, vorm je het tot een ciabatta op een bakplaat bekleed met bakpapier.

e) Verwarm uw oven voor op 175°C.

f) Laat de ciabatta ongeveer 20 minuten rijzen. Gedurende deze tijd kunt u het afdekken met een schone theedoek.

g) Bak de ciabatta na het rijzen ongeveer 35-40 minuten in de voorverwarmde oven, of tot hij goudbruin is aan de buitenkant en hol klinkt als je erop tikt.

h) Laat de ciabatta afkoelen voordat u deze in stukken snijdt en serveert.

10.Boekweitmeel Ciabatta

INGREDIËNTEN:
- 2 kopjes boekweitmeel
- 1 kopje bruine rijstmeel
- 2 1/4 theelepel actieve droge gist (1 pakje)
- 1 theelepel zout
- 1 1/2 kopjes warm water
- 1 eetlepel honing (of een zoetstof naar keuze)
- 2 eetlepels olijfolie
- 1 theelepel xanthaangom (optioneel)

INSTRUCTIES:
a) Meng in een grote mengkom het boekweitmeel, bruine rijstmeel, actieve droge gist en zout. Meng ze grondig door elkaar.

b) Meng in een aparte kom het warme water, de honing (of de door jou gekozen zoetstof) en olijfolie. Roer totdat de honing volledig is opgelost.

c) Giet het natte mengsel in de kom met de droge ingrediënten en meng ze tot een deeg ontstaat. Als je wilt, kun je nu xanthaangom toevoegen voor een betere textuur, maar dit is optioneel.

d) Zodra het deeg goed gemengd is, vorm je het tot een ciabatta op een bakplaat bekleed met bakpapier.

e) Verwarm uw oven voor op 175°C.

f) Laat de ciabatta ongeveer 20 minuten rijzen. Gedurende deze tijd kunt u het afdekken met een schone theedoek.

g) Bak de ciabatta na het rijzen ongeveer 35-40 minuten in de voorverwarmde oven, of tot hij goudbruin is aan de buitenkant en hol klinkt als je erop tikt.

h) Laat de ciabatta afkoelen voordat u deze in stukken snijdt en serveert.

11.Teffmeel Ciabatta

INGREDIËNTEN:
- 2 kopjes teffmeel
- 1 kopje tapiocameel
- 2 1/4 theelepel actieve droge gist (1 pakje)
- 1 theelepel zout
- 1 1/2 kopjes warm water
- 1 eetlepel suiker
- 2 eetlepels olijfolie
- 1 theelepel xanthaangom (optioneel)

INSTRUCTIES:
a) Meng in een grote mengkom het teffmeel, tapiocameel, actieve droge gist en zout. Meng ze grondig door elkaar.

b) Meng in een aparte kom het warme water, de suiker en de olijfolie. Roer tot de suiker volledig is opgelost.

c) Giet het natte mengsel in de kom met de droge ingrediënten en meng ze tot een deeg ontstaat. Als je wilt, kun je nu xanthaangom toevoegen voor een betere textuur, maar dit is optioneel.

d) Zodra het deeg goed gemengd is, vorm je het tot een ciabatta op een bakplaat bekleed met bakpapier.

e) Verwarm uw oven voor op 175°C.

f) Laat de ciabatta ongeveer 20 minuten rijzen. Gedurende deze tijd kunt u het afdekken met een schone theedoek.

g) Bak de ciabatta na het rijzen ongeveer 35-40 minuten in de voorverwarmde oven, of tot hij goudbruin is aan de buitenkant en hol klinkt als je erop tikt.

h) Laat de ciabatta afkoelen voordat u deze in stukken snijdt en serveert.

12.Sorghummeel Ciabatta

INGREDIËNTEN:
- 2 kopjes sorghummeel
- 1 kopje aardappelzetmeel
- 2 1/4 theelepel actieve droge gist (1 pakje)
- 1 theelepel zout
- 1 1/2 kopjes warm water
- 1 eetlepel suiker
- 2 eetlepels olijfolie
- 1 theelepel xanthaangom (optioneel)

INSTRUCTIES:
a) Meng in een grote mengkom het sorghummeel, aardappelzetmeel, actieve droge gist en zout. Meng ze grondig door elkaar.

b) Meng in een aparte kom het warme water, de suiker en de olijfolie. Roer tot de suiker volledig is opgelost.

c) Giet het natte mengsel in de kom met de droge ingrediënten en meng ze tot een deeg ontstaat. Als je wilt, kun je nu xanthaangom toevoegen voor een betere textuur, maar dit is optioneel.

d) Zodra het deeg goed gemengd is, vorm je het tot een ciabatta op een bakplaat bekleed met bakpapier.

e) Verwarm uw oven voor op 175°C.

f) Laat de ciabatta ongeveer 20 minuten rijzen. Gedurende deze tijd kunt u het afdekken met een schone theedoek.

g) Bak de ciabatta na het rijzen ongeveer 35-40 minuten in de voorverwarmde oven, of tot hij goudbruin is aan de buitenkant en hol klinkt als je erop tikt.

h) Laat de ciabatta afkoelen voordat u deze in stukken snijdt en serveert.

FRUITIGE CIABATTA

13.Peer en Gorgonzola Ciabatta Pizza

INGREDIËNTEN:
- 1 portie basis ciabattadeeg
- 2 rijpe peren, in dunne plakjes gesneden
- 1/2 kopje verkruimelde Gorgonzola-kaas
- 2 eetlepels honing
- 1/4 kopje gehakte walnoten
- Verse tijmblaadjes ter garnering

INSTRUCTIES:
a) Verwarm uw oven voor op 220°C.

b) Bereid het basisciabattadeeg volgens uw favoriete recept.

c) Zodra het deeg is gerezen, drukt u het neer en verdeelt u het in twee gelijke porties.

d) Rol elke portie deeg uit tot een dunne cirkel op een met bloem bestoven oppervlak.

e) Leg het uitgerolde deeg op een bakplaat bekleed met bakpapier.

f) Sprenkel de honing gelijkmatig over het oppervlak van elke deegcirkel.

g) Leg de in dunne plakjes gesneden peren op de honing.

h) Strooi verkruimelde Gorgonzola-kaas en gehakte walnoten over de peren.

i) Bak in de voorverwarmde oven gedurende 15-20 minuten, of tot de ciabattakorst goudbruin en knapperig is.

j) Haal uit de oven en laat iets afkoelen voordat je het aansnijdt.

k) Garneer voor het serveren met verse tijmblaadjes.

14.Met kersen en mascarpone gevulde ciabatta-wentelteefjes

INGREDIËNTEN:
- 1 portie basis ciabattadeeg
- 1 kopje ontpitte kersen, gehalveerd
- 4 ons mascarponekaas
- 4 grote eieren
- 1/2 kopje melk
- 2 eetlepels kristalsuiker
- 1 theelepel vanille-extract
- Ahornsiroop om te serveren

INSTRUCTIES:
a) Verwarm uw oven voor op 190°C.

b) Bereid het basisciabattadeeg volgens uw favoriete recept.

c) Zodra het deeg is gerezen, drukt u het plat en verdeelt u het in vier gelijke porties.

d) Rol elke portie deeg uit tot een kleine rechthoek op een met bloem bestoven oppervlak.

e) Verdeel de mascarponekaas gelijkmatig over de helft van elke rechthoek deeg.

f) Plaats de kersenhelften op de mascarponekaas.

g) Vouw de andere helft van het deeg over de vulling, zodat er een zak ontstaat en sluit de randen af.

h) Klop in een ondiepe schaal eieren, melk, kristalsuiker en vanille-extract samen om het wentelteefjesbeslag te maken.

i) Dompel elk gevuld ciabattazakje in het wentelteefjesbeslag en bestrijk beide zijden.

j) Leg de gevulde ciabattazakjes op een bakplaat bekleed met bakpapier.

k) Bak in de voorverwarmde oven gedurende 20-25 minuten, of tot de ciabatta goudbruin en gaar is.

l) Serveer warm met ahornsiroop.

15.Appelkaneel gevulde ciabattabroodjes

INGREDIËNTEN:
- 1 portie basis ciabattadeeg
- 2 appels, geschild, klokhuis verwijderd en in blokjes gesneden
- 2 eetlepels ongezouten boter
- 1/4 kop bruine suiker
- 1 theelepel gemalen kaneel
- 1/4 theelepel gemalen nootmuskaat
- 1 eetlepel citroensap
- Poedersuiker om te bestuiven (optioneel)

INSTRUCTIES:
a)   Verwarm uw oven voor op 190°C.

b)   Bereid het basisciabattadeeg volgens uw favoriete recept.

c)   Smelt de boter in een koekenpan op middelhoog vuur. Voeg de in blokjes gesneden appels toe en kook tot ze zacht zijn, ongeveer 5-7 minuten.

d)   Roer de bruine suiker, gemalen kaneel, gemalen nootmuskaat en citroensap erdoor. Kook nog eens 2-3 minuten tot het mengsel gekarameliseerd en geurig is. Haal van het vuur en laat iets afkoelen.

e)   Verdeel het ciabattadeeg in kleine porties. Maak elk deel plat tot een cirkel.

f)   Schep het appelmengsel op het midden van elke ciabattacirkel.

g)   Vouw de randen van het ciabattadeeg over de appelvulling, knijp de randen dicht en vorm een bal.

h)   Leg de gevulde ciabattabroodjes op een bakplaat bekleed met bakpapier.

i)   Bak in de voorverwarmde oven gedurende 15-20 minuten, of tot de broodjes goudbruin en gaar zijn.

j)   Haal uit de oven en laat iets afkoelen. Bestrooi indien gewenst met poedersuiker voor het serveren.

16.Cranberry Walnoot Volkoren Ciabatta

INGREDIËNTEN:

- 1 1/2 kopjes warm water (45°C of 110°F)
- 2 1/4 theelepel actieve droge gist (1 pakje)
- 1 theelepel suiker
- 3 1/2 kopjes volkorenmeel
- 1 1/2 theelepel zout
- 1/2 kopje gedroogde veenbessen
- 1/2 kop gehakte walnoten
- 1 eetlepel olijfolie
- Maïsmeel- of griesmeelmeel (om te bestuiven)

INSTRUCTIES:

a) Meng in een kleine kom het warme water, de gist en de suiker. Laat het ongeveer 5-10 minuten staan totdat het mengsel schuimig wordt.

b) Meng het volkorenmeel en het zout in een grote mengkom. Maak een kuiltje in het midden van het bloemmengsel.

c) Giet het gistmengsel en de olijfolie in het kuiltje in de bloem.

d) Roer de ingrediënten door elkaar tot er een deeg ontstaat.

e) Kneed het deeg op een met bloem bestoven oppervlak gedurende ongeveer 8-10 minuten tot het glad en elastisch wordt. Als het deeg te plakkerig is, kun je nog wat bloem toevoegen.

f) Doe het deeg in een licht met olie ingevette kom, dek het af met een schone doek of plasticfolie en laat het ongeveer 1 uur rijzen op een warme, tochtvrije plaats, of tot het in omvang is verdubbeld.

g) Verwarm uw oven voor op 230°C. Plaats een steen of een omgekeerde bakplaat in de oven terwijl deze voorverwarmt. Als je een pizzasteen hebt, werkt die prima voor het bakken van ciabatta.

h) Sla het deeg plat en verdeel het in twee gelijke porties.

i) Rol elke portie uit tot een lange, dunne ciabattavorm. U kunt het deeg met uw handen vormen of uitrollen op een met bloem bestoven oppervlak en het vervolgens overbrengen op een bakplaat of pizzaschep bestrooid met maïsmeel of griesmeel.

j) Strooi de gedroogde veenbessen en gehakte walnoten gelijkmatig over de bovenkant van elke ciabatta en druk ze voorzichtig in het deeg.

k) Bedek de gevormde ciabatta met een schone doek en laat ze opnieuw rijzen voor ongeveer 20-30 minuten.

l) Maak met een scherp mes of een scheermesje diagonale inkepingen in de bovenkant van de ciabatta. Dit helpt hen om de klassieke ciabatta-look uit te breiden en te ontwikkelen.

m) Plaats de ciabatta voorzichtig in de voorverwarmde oven, rechtstreeks op de steen of op de hete bakplaat. Wees voorzichtig bij het openen van de oven; het is heet!

n) Bak ongeveer 25-30 minuten, of tot de ciabatta goudbruin is en hol klinkt als je op de bodem klopt.

o) Laat de ciabatta afkoelen op een rooster voordat u hem in stukken snijdt en serveert.

17.Abrikozenciabatta met honingglazuur

INGREDIËNTEN:
- 2 kopjes bloem
- 1,5 kopjes water
- 1 theelepel gist
- 1 eetlepel zout
- 10 gedroogde abrikozen, een nacht geweekt in sinaasappelsap
- 3 eetlepels honing
- 1 eetlepel boter
- 1 eetlepel amandelvlokken
- 1 eetlepel rozijnen

INSTRUCTIES:
a) Begin met het verzamelen van al je ingrediënten.
b) Doe de bloem in een diepe kom om de deegbereiding te vergemakkelijken. Voeg gist en zout toe aan de bloem, klop en meng alles grondig.
c) Voeg water toe en meng het goed met het bloemmengsel. Op dit punt krijg je een plakkerig deeg.
d) Dek de kom met het deeg af met huishoudfolie en laat 45 minuten rusten.
e) Maak na 45 minuten je handen nat en vouw het deeg een paar minuten. Het deeg mag nog wat plakkerig zijn. Herhaal deze stap drie keer, waarbij elke herhaling wordt gescheiden door een interval van 45 minuten.
f) Na de laatste pauze van 45 minuten bestuif je het werkoppervlak met bloem en doe je het deeg erop. Strooi ook wat bloem over het deeg.
g) Verdeel het deeg in 4 gelijke porties.
h) Neem een portie, druk het aan, spreid het uit en rol het vervolgens in de vorm van een ciabatta. Herhaal dit proces met de andere porties.
i) Leg het opgerolde deeg op een bakplaat bekleed met bakpapier of ingevet. Bedek het met een stoffen servet en laat het nog eens 20 minuten rusten.
j) Verwarm de oven voor op 200 graden Celsius. Terwijl de oven aan het opwarmen is, verwijder je het servet en spuit je wat water op

het deeg. Maak met een scherp mes een paar inkepingen in de bovenkant van het deeg. Bak gedurende 30 minuten.

k) Na 30 minuten heb je prachtige goudgele ciabatta.

l) Laten we nu de met honing geglazuurde abrikozen bereiden. Giet het sinaasappelsap uit de abrikozen. Smelt de boter in een pan en zodra deze heet is, voeg je de abrikozen toe.

m) Kook de abrikozen tot ze aan beide kanten goudbruin kleuren.

n) Voeg de honing toe aan de pan en roer goed om een glanzend glazuur voor de abrikozen te creëren.

o) Het is tijd om het gerecht in elkaar te zetten. Snijd de ciabatta in de gewenste vormen en beleg ze met de met honing geglazuurde abrikozen. Garneer met amandelschilfers en rozijnen.

18.Ciabatta met bosbessen en citroen

INGREDIËNTEN:

- 1 pakje Gist
- 1½ eetlepel honing
- 1¼ kopje warm water
- 1½ kopje broodmeel
- 1½ kopje Volkorenmeel
- 1 theelepel zout
- 1 kopje verse bosbessen
- Schil van 1 citroen
- ¼ kopje Citroensap
- Boter (voor coatingkom)
- 1 ei (geklopt, voor glazuur)

INSTRUCTIES:

a) Los de gist en honing op in ¼ kopje warm water en laat het ongeveer 10 minuten staan tot het schuimt.

b) Meng in een keukenmachine met een plastic deegmes het broodmeel, volkorenmeel en zout. Verwerk ongeveer 30 seconden.

c) Voeg het gistmengsel toe aan de keukenmachine terwijl de machine draait. Voeg langzaam de resterende 1 kopje water toe via de vulopening. Verwerk totdat het deeg de zijkanten van de kom vrijgeeft en niet langer droog is, ongeveer 1 minuut.

d) Leg het deeg op een licht met bloem bestoven bord.

e) Kneed de verse bosbessen en de citroenschil er ongeveer 5 minuten door, of tot ze gelijkmatig verdeeld zijn.

f) Bestrijk een grote kom met boter. Doe het deeg in de kom en draai het om, zodat de bovenkant bedekt is met boter. Dek af met plasticfolie en een handdoek en laat het op een warme plaats rijzen tot het deeg in volume is verdubbeld, ongeveer 1 tot 1,5 uur.

g) Verwarm uw oven voor op 220°C.

h) Leg het deeg opnieuw op een licht met bloem bestoven bord.

i) Pons naar beneden om luchtbellen te verwijderen en vorm het deeg in een ciabatta-vorm, ongeveer 15-16 centimeter lang.

j) Breng het gevormde deeg over naar een beboterde bakplaat of een ciabatta-pan.

k) Dek af met plasticfolie en een handdoek en laat rijzen tot het deeg bijna verdubbeld is, ongeveer 45 minuten.

l) Bestrijk de ciabatta met het losgeklopte ei.

m) Bak gedurende 30 tot 40 minuten, totdat de ciabatta mooi bruin is en hol klinkt als je erop tikt.

n) Terwijl de ciabatta aan het bakken is, maak je een citroenglazuur door het citroensap te mengen met een klein beetje honing.

o) Zodra de ciabatta klaar is, haal je hem uit de oven en bestrijk je hem onmiddellijk met het citroenglazuur om een vleugje citroensmaak toe te voegen.

p) Laat de ciabatta een paar minuten afkoelen voordat je hem aansnijdt.

q) Snijd de ciabatta in individuele porties en geniet van je bosbessen- en citroenciabatta.

19.Volkoren ciabatta met vijgen en brie

INGREDIËNTEN:

- 1 1/2 kopjes warm water (45°C of 110°F)
- 2 1/4 theelepel actieve droge gist (1 pakje)
- 1 theelepel suiker
- 3 1/2 kopjes volkorenmeel
- 1 1/2 theelepel zout
- 1/2 kopje gedroogde vijgen, gehakt
- 4 oz Brie-kaas, in plakjes of in blokjes gesneden
- 1 eetlepel olijfolie
- Maïsmeel- of griesmeelmeel (om te bestuiven)

INSTRUCTIES:

a) Meng in een kleine kom het warme water, de gist en de suiker. Laat het ongeveer 5-10 minuten staan totdat het mengsel schuimig wordt.

b) Meng het volkorenmeel en het zout in een grote mengkom. Maak een kuiltje in het midden van het bloemmengsel.

c) Giet het gistmengsel en de olijfolie in het kuiltje in de bloem.

d) Roer de ingrediënten door elkaar tot er een deeg ontstaat.

e) Kneed het deeg op een met bloem bestoven oppervlak gedurende ongeveer 8-10 minuten tot het glad en elastisch wordt. Als het deeg te plakkerig is, kun je nog wat bloem toevoegen.

f) Doe het deeg in een licht met olie ingevette kom, dek het af met een schone doek of plasticfolie en laat het ongeveer 1 uur rijzen op een warme, tochtvrije plaats, of tot het in omvang is verdubbeld.

g) Verwarm uw oven voor op 230°C. Plaats een steen of een omgekeerde bakplaat in de oven terwijl deze voorverwarmt. Als je een pizzasteen hebt, werkt die prima voor het bakken van ciabatta.

h) Sla het deeg plat en verdeel het in twee gelijke porties.

i) Rol elke portie uit tot een lange, dunne ciabattavorm. U kunt uw handen gebruiken om het deeg vorm te geven of het uitrollen op een met bloem bestoven oppervlak en het vervolgens overbrengen op een bakplaat of pizzaschep bestrooid met maïsmeel of griesmeel.

j) Druk de gehakte gedroogde vijgen en de plakjes of blokjes Brie-kaas gelijkmatig in het deeg.

k) Bedek de gevormde ciabatta met een schone doek en laat ze opnieuw rijzen voor ongeveer 20-30 minuten.

l) Maak met een scherp mes of een scheermesje diagonale inkepingen in de bovenkant van de ciabatta. Dit helpt hen om de klassieke ciabatta-look uit te breiden en te ontwikkelen.

m) Plaats de ciabatta voorzichtig in de voorverwarmde oven, rechtstreeks op de steen of op de hete bakplaat. Wees voorzichtig bij het openen van de oven; het is heet!

n) Bak ongeveer 25-30 minuten, of tot de ciabatta goudbruin is en hol klinkt als je op de bodem klopt.

o) Laat de ciabatta afkoelen op een rooster voordat u hem in stukken snijdt en serveert.

p) Geniet van je zelfgemaakte Volkoren Ciabatta met Vijgen en Brie met de heerlijke combinatie van zoete vijgen en romige Brie-kaas!

GEKRUIDE CIABATTA

20.Rozemarijn Knoflook Ciabatta

INGREDIËNTEN:
- 500 g sterk witbroodmeel
- 10 g zout
- 7 g instantgist
- 350 ml lauw water
- 2 eetlepels olijfolie
- 2 teentjes knoflook, fijngehakt
- 1 eetlepel gehakte verse rozemarijn
- Extra olijfolie voor het poetsen

INSTRUCTIES:
a) Meng de bloem, het zout en de gist in een kom. Voeg water en olijfolie toe en kneed tot een gladde massa.

b) Dek af en laat rijzen tot het in volume verdubbeld is.

c) Verwarm de oven voor op 220°C.

d) Kneed het deeg en vorm het tot een ciabattabrood.

e) Leg het op een bakplaat, dek af en laat opnieuw rijzen.

f) Meng gehakte knoflook en gehakte rozemarijn met wat olijfolie. Bestrijk het mengsel met een kwastje over de ciabatta.

g) Bak 25-30 minuten tot ze goudbruin zijn. Laat afkoelen op een rooster voordat u het gaat snijden.

21.Knoflookpeterselie Ciabatta

INGREDIËNTEN:
- 1 ciabattabrood
- ½ kopje gezouten boter
- 4 teentjes knoflook
- 2 eetlepels fijn geraspte Parmezaanse kaas plus extra om over heet lookbrood te strooien
- 2 eetlepels fijngehakte platte peterselie
- ⅛ theelepel fijn zout

INSTRUCTIES:
a) Verwarm de oven voor op 220ºC/425ºC en zorg dat er een grote bakplaat klaar ligt.

b) Snijd de ciabatta in de lengte doormidden en leg deze met de snijkant naar boven op de bakplaat.

c) Pel en hak de knoflookteentjes fijn. Bestrooi met zout en gebruik het platte mes om de gehakte knoflook te pletten. Werk je een weg door de stapel knoflook, schraap alles bij elkaar en herhaal. Doe dit meerdere keren totdat de knoflook een fijne pasta is.

d) Meng boter, gehakte knoflook, Parmezaanse kaas en peterselie in een kleine mengkom.

e) Verdeel het botermengsel met een paletmes of iets dergelijks in een dunne en gelijkmatige laag over de snijkant van beide broodhelften.

f) Bak gedurende 10-15 minuten tot de boter is gesmolten en het brood licht goudbruin is. Haal uit de oven en bestrooi direct met extra geraspte Parmezaanse kaas. Snijd in plakjes van 5 cm en serveer warm.

22.Rozemarijn Ciabatta

INGREDIËNTEN:
- 1 bol knoflook
- 1 theelepel zout
- 1 eetlepel olijfolie
- 4 takjes rozemarijn
- alleen naalden
- 1 ciabattabrood
- 1 snufje grof zeezout

INSTRUCTIES:
a) Snijd de bovenkant van de knoflookbol af (zodat je de teentjes kunt zien) en plaats de bol in een vuurvaste schaal.

b) Bestrooi met een theelepel zout en een eetlepel olijfolie.

c) Zet dit een uur in de oven op 190 graden Celsius.

d) Als de knoflook uit de oven komt, laat je hem even afkoelen en pers je de knoflook vervolgens uit in een kom.

e) Voeg 60 ml olijfolie toe en meng goed.

f) Verhoog de temperatuur van de oven naar 225 graden.

g) Snijd het brood met een mes, niet door en door (ongeveer 1 cm boven de bodem).

h) Bestrijk de zijkanten met het knoflook/olijfoliemengsel.

i) Bestrooi het brood met rozemarijn en 1 eetlepel grof zeezout. Besprenkel met een beetje olijfolie.

j) Zet het brood in de oven en laat het brood 20 tot 25 minuten bakken.

k) Als het brood te donker wordt, kun je het afdekken met aluminiumfolie.

23.Rozemarijn Volkoren Ciabatta

INGREDIËNTEN:

- 1 1/2 kopjes warm water (45°C of 110°F)
- 2 1/4 theelepel actieve droge gist (1 pakje)
- 1 theelepel suiker
- 3 1/2 kopjes volkorenmeel
- 1 1/2 theelepel zout
- 1 eetlepel olijfolie
- 1 1/2 eetlepel verse rozemarijn, fijngehakt (of 1 1/2 theelepel gedroogde rozemarijn)
- Maïsmeel- of griesmeelmeel (om te bestuiven)

INSTRUCTIES:

a) Meng in een kleine kom het warme water, de gist en de suiker. Laat het ongeveer 5-10 minuten staan totdat het mengsel schuimig wordt.

b) Meng in een grote mengkom het volkorenmeel, het zout en de gehakte rozemarijn. Maak een kuiltje in het midden van het bloemmengsel.

c) Giet het gistmengsel en de olijfolie in het kuiltje in de bloem.

d) Roer de ingrediënten door elkaar tot er een deeg ontstaat.

e) Kneed het deeg op een met bloem bestoven oppervlak gedurende ongeveer 8-10 minuten tot het glad en elastisch wordt. Als het deeg te plakkerig is, kun je nog wat bloem toevoegen.

f) Doe het deeg in een licht met olie ingevette kom, dek het af met een schone doek of plasticfolie en laat het ongeveer 1 uur rijzen op een warme, tochtvrije plaats, of tot het in omvang is verdubbeld.

g) Verwarm uw oven voor op 230°C. Plaats een steen of een omgekeerde bakplaat in de oven terwijl deze voorverwarmt. Als je een pizzasteen hebt, werkt die prima voor het bakken van ciabatta.

h) Sla het deeg plat en verdeel het in twee gelijke porties.

i) Rol elke portie uit tot een lange, dunne ciabattavorm. U kunt het deeg met uw handen vormen of uitrollen op een met bloem bestoven oppervlak en het vervolgens overbrengen op een bakplaat of pizzaschep bestrooid met maïsmeel of griesmeel.

j) Bedek de gevormde ciabatta met een schone doek en laat ze opnieuw rijzen voor ongeveer 20-30 minuten.

k) Maak met een scherp mes of een scheermesje diagonale inkepingen in de bovenkant van de ciabatta. Dit helpt hen om de klassieke ciabatta-look uit te breiden en te ontwikkelen.

l) Plaats de ciabatta voorzichtig in de voorverwarmde oven, rechtstreeks op de steen of op de hete bakplaat. Wees voorzichtig bij het openen van de oven; het is heet!

m) Bak ongeveer 25-30 minuten, of tot de ciabatta goudbruin is en hol klinkt als je op de bodem klopt.

n) Laat de ciabatta afkoelen op een rooster voordat u hem in stukken snijdt en serveert.

o) Geniet van je zelfgemaakte Rozemarijn Volkoren Ciabatta, met het heerlijke aroma en de smaak van rozemarijn!

NOOT CIABATTA

24.Ciabatta van noten en rozijnen

INGREDIËNTEN:

- 1 pakje Gist
- 1½ eetlepel honing
- 1¼ kopje warm water
- 1½ kopje broodmeel
- 1½ kopje Volkorenmeel
- 1 theelepel zout
- ¾ kopje walnoothelften of pistachenoten
- ¾ kopje krenten
- ¼ kopje Gouden rozijnen
- Boter; voor coatingkom
- 1 ei; geslagen, voor glazuur

INSTRUCTIES:

a)   Los de gist en honing op in ¼ kopje warm water en laat ongeveer 10 minuten staan tot het schuimt.

b)   Meng de bloem en het zout in een keukenmachine met een plastic deegmes. Verwerk ongeveer 30 seconden. Voeg de walnoten toe en verwerk nog eens 15 seconden. Terwijl de machine draait, giet je het gistmengsel door de vulopening.

c)   Terwijl de machine draait, voegt u langzaam 1 kopje water toe via de vulopening.

d)   Verwerk totdat het deeg de zijkanten van de kom vrijgeeft en niet langer droog is, ongeveer 1 minuut extra. Leg het deeg op een licht met bloem bestoven bord en kneed de krenten en rozijnen er ongeveer 5 minuten door.

e)   Bestrijk een grote kom met boter. Doe het deeg in de kom en draai het om, zodat de bovenkant bedekt is met boter. Dek af met plasticfolie en een handdoek en laat het op een warme plaats rijzen, tot het deeg in volume verdubbeld is, ongeveer 1 tot 1,5 uur.

f)   Leg het deeg op een licht met bloem bestoven bord. Pons naar beneden om luchtbellen te verwijderen en verdeel het deeg in twee gelijke delen. Rol elk onderdeel uit tot een vel van 6 x 15 inch. Rol de vellen in lange cilinders en knijp de randen samen om ze af te dichten. Leg de cilinders met de naad naar beneden op een beboterde bakplaat of twee ciabattapannen. Dek af met plasticfolie en een handdoek en laat rijzen tot het deeg bijna verdubbeld is, ongeveer 45 minuten.

g)   Verwarm de oven voor op 425.

h)   Bestrijk de broden met het losgeklopte ei en snij ze elk met een scherp mes meerdere keren diagonaal in.

i)   Bak gedurende 30 tot 40 minuten, tot de broden goed bruin zijn.

25.Amandel-maanzaad volkoren ciabatta

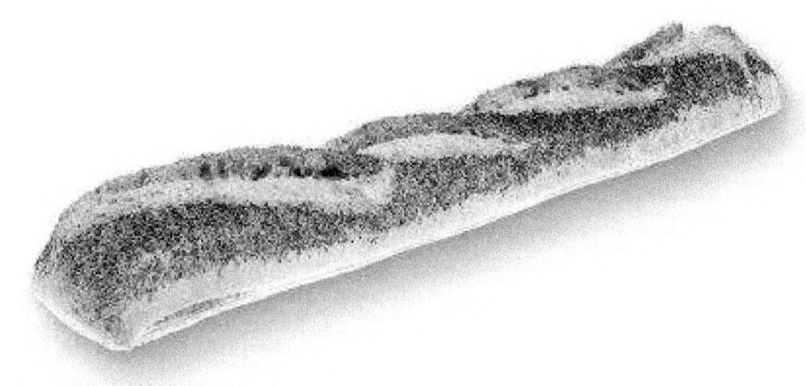

INGREDIËNTEN:

- 1 1/2 kopjes warm water (45°C of 110°F)
- 2 1/4 theelepel actieve droge gist (1 pakje)
- 1/4 kopje suiker
- 3 1/2 kopjes volkorenmeel
- 1 1/2 theelepel zout
- 1/4 kopje amandelmeel (fijngemalen amandelen)
- 2 eetlepels maanzaad
- 1/4 kop plantaardige olie
- 1 theelepel amandelextract
- 1/2 kopje gesneden amandelen (voor topping)
- Maïsmeel- of griesmeelmeel (om te bestuiven)

INSTRUCTIES:

a) Meng in een kleine kom het warme water, de gist en de suiker. Laat het ongeveer 5-10 minuten staan totdat het mengsel schuimig wordt.

b) Meng in een grote mengkom het volkorenmeel, het amandelmeel, het maanzaad en het zout.

c) Maak een kuiltje in het midden van het bloemmengsel.

d) Giet het gistmengsel, de plantaardige olie en het amandelextract in het kuiltje in de bloem.

e) Roer de ingrediënten door elkaar tot er een deeg ontstaat.

f) Kneed het deeg op een met bloem bestoven oppervlak gedurende ongeveer 8-10 minuten tot het glad en elastisch wordt. Als het deeg te plakkerig is, kun je nog wat bloem toevoegen.

g) Doe het deeg in een licht met olie ingevette kom, dek het af met een schone doek of plasticfolie en laat het ongeveer 1 uur rijzen op een warme, tochtvrije plaats, of tot het in omvang is verdubbeld.

h) Verwarm uw oven voor op 190°C. Plaats een bakplaat in de oven terwijl deze voorverwarmt.

i) Pons het deeg plat en vorm het tot een lange, dunne ciabattavorm. Je kunt het deeg met je handen vormen of uitrollen op een met bloem bestoven oppervlak.

j) Bestrooi de hete bakplaat met maïsmeel of griesmeel en leg de ciabatta op de bakplaat.

k) Strooi de gesneden amandelen over de ciabatta en druk ze voorzichtig in het deeg.

l) Maak met een scherp mes of een scheermesje enkele ondiepe inkepingen in de bovenkant van de ciabatta ter decoratie.

m) Bak ongeveer 25-30 minuten, of totdat de ciabatta stevig is en hol klinkt als je op de bodem klopt.

n) Laat de ciabatta afkoelen op een rooster voordat u hem in stukken snijdt en serveert.

o) Geniet van je heerlijke amandel-maanzaad volkoren ciabatta, gevuld met de nootachtige goedheid van amandelen en de delicate smaak van maanzaad!

26.Cranberry Macadamia Ciabatta

INGREDIËNTEN:

- 1 1/2 kopjes warm water (45°C of 110°F)
- 2 1/4 theelepel actieve droge gist (1 pakje)
- 1 theelepel suiker
- 3 1/2 kopjes volkorenmeel
- 1 1/2 theelepel zout
- 1/2 kopje gedroogde veenbessen
- 1/2 kop gehakte macadamia's
- 1 eetlepel olijfolie
- Maïsmeel- of griesmeelmeel (om te bestuiven)

INSTRUCTIES:

a) Meng in een kleine kom het warme water, de gist en de suiker. Laat het ongeveer 5-10 minuten staan totdat het mengsel schuimig wordt.

b) Meng het volkorenmeel en het zout in een grote mengkom. Maak een kuiltje in het midden van het bloemmengsel.

c) Giet het gistmengsel en de olijfolie in het kuiltje in de bloem.

d) Roer de ingrediënten door elkaar tot er een deeg ontstaat.

e) Kneed het deeg op een met bloem bestoven oppervlak gedurende ongeveer 8-10 minuten tot het glad en elastisch wordt. Als het deeg te plakkerig is, kun je nog wat bloem toevoegen.

f) Doe het deeg in een licht met olie ingevette kom, dek het af met een schone doek of plasticfolie en laat het ongeveer 1 uur rijzen op een warme, tochtvrije plaats, of tot het in omvang is verdubbeld.

g) Verwarm uw oven voor op 230°C. Plaats een steen of een omgekeerde bakplaat in de oven terwijl deze voorverwarmt. Als je een pizzasteen hebt, werkt die prima voor het bakken van ciabatta.

h) Sla het deeg plat en verdeel het in twee gelijke porties.

i) Rol elke portie uit tot een lange, dunne ciabattavorm. U kunt uw handen gebruiken om het deeg vorm te geven of het uitrollen op een met bloem bestoven oppervlak en het vervolgens overbrengen op een bakplaat of pizzaschep bestrooid met maïsmeel of griesmeel.

j) Strooi de gedroogde veenbessen en gehakte noten gelijkmatig over de bovenkant van elke ciabatta en druk ze voorzichtig in het deeg.

k) Bedek de gevormde ciabatta met een schone doek en laat ze opnieuw rijzen voor ongeveer 20-30 minuten.

l) Maak met een scherp mes of een scheermesje diagonale inkepingen in de bovenkant van de ciabatta. Dit helpt hen om de klassieke ciabatta-look uit te breiden en te ontwikkelen.

m) Plaats de ciabatta voorzichtig in de voorverwarmde oven, rechtstreeks op de steen of op de hete bakplaat. Wees voorzichtig bij het openen van de oven; het is heet!

n) Bak ongeveer 25-30 minuten, of tot de ciabatta goudbruin is en hol klinkt als je op de bodem klopt.

o) Laat de ciabatta afkoelen op een rooster voordat u hem in stukken snijdt en serveert.

27.Bessen-walnoot ciabatta

INGREDIËNTEN:

- 1 pakje Gist
- 1½ eetlepel honing
- 1¼ kopje warm water
- 1½ kopje broodmeel
- 1½ kopje Volkorenmeel
- 1 theelepel zout
- ¾ kopje walnoothelften of pistachenoten
- ¾ kopje krenten
- ¼ kopje Gouden rozijnen
- Boter; voor coatingkom
- 1 ei; geslagen, voor glazuur

INSTRUCTIES:

j) Los de gist en honing op in ¼ kopje warm water en laat ongeveer 10 minuten staan tot het schuimt.

k) Meng de bloem en het zout in een keukenmachine met een plastic deegmes. Verwerk ongeveer 30 seconden. Voeg de walnoten toe en verwerk nog eens 15 seconden. Terwijl de machine draait, giet je het gistmengsel door de vulopening.

l) Terwijl de machine draait, voegt u langzaam 1 kopje water toe via de vulopening.

m) Verwerk totdat het deeg de zijkanten van de kom vrijgeeft en niet langer droog is, ongeveer 1 minuut extra. Leg het deeg op een licht met bloem bestoven bord en kneed de krenten en rozijnen er ongeveer 5 minuten door.

n) Bestrijk een grote kom met boter. Doe het deeg in de kom en draai het om, zodat de bovenkant bedekt is met boter. Dek af met plasticfolie en een handdoek en laat het op een warme plaats rijzen, tot het deeg in volume verdubbeld is, ongeveer 1 tot 1,5 uur.

o) Leg het deeg op een licht met bloem bestoven bord. Pons naar beneden om luchtbellen te verwijderen en verdeel het deeg in twee gelijke delen. Rol elk onderdeel uit tot een vel van 6 x 15 inch. Rol de vellen in lange cilinders en knijp de randen samen om ze af te dichten. Leg de cilinders met de naad naar beneden op een beboterde bakplaat of twee ciabattapannen. Dek af met plasticfolie en een handdoek en laat rijzen tot het deeg bijna verdubbeld is, ongeveer 45 minuten.

p) Verwarm de oven voor op 425.

q) Bestrijk de broden met het losgeklopte ei en snij ze elk met een scherp mes meerdere keren diagonaal in.

r) Bak gedurende 30 tot 40 minuten, tot de broden goed bruin zijn.

GEKRUIDE CIABATTA

28.Kamutbrood met honingkruiden

INGREDIËNTEN:
- ½ kopje Warm water
- 2 pakjes Droge actieve gist
- 1½ kopje warme sojamelk
- 2 eetlepels Canola-olie
- ½ kopje honing
- 1 groot ei of gelijkwaardige veganistische eiervervanger
- 3 kopjes Kamut-meel
- 1 theelepel kaneel
- 1 theelepel Nootmuskaat
- ½ theelepel zout
- 3 kopjes Speltmeel
- Kookspray of olie

INSTRUCTIES:

a) Roer in een kleine kom water en gist door elkaar. Dek af en zet 7 tot 10 minuten opzij.

b) Meng sojamelk, olie, honing en ei in een middelgrote mengkom. Opzij zetten.

c) Roer in een grote mengkom kamurmeel, kaneel, nootmuskaat en zout door elkaar. Combineer het melkmengsel en het gistmengsel en meng grondig. Roer geleidelijk het speltmeel erdoor.

d) Leg het deeg op een licht met bloem bestoven oppervlak en kneed het 4 tot 5 minuten, of tot het deeg enigszins elastisch is.

e) Bedek het deeg met een handdoek en laat het 1 tot 2 uur rijzen, of tot het in omvang is verdubbeld.

f) Spuit of bestrijk een grote bakplaat lichtjes met olie. Sla het deeg plat en verdeel het in tweeën. Vorm van elke helft een langwerpig brood en plaats de broden op de bakplaat, ongeveer vijf centimeter uit elkaar. Dek af met een handdoek en laat 1 tot 2 uur rijzen, of tot het volume verdubbeld is.

g) Verwarm de oven voor op 350F. Bak de broden ongeveer 45 minuten, of totdat ze hol klinken als je erop tikt. Laat 10 minuten afkoelen, leg de broden vervolgens op een rooster en laat ze volledig afkoelen voordat u ze aansnijdt.

29.Rozijnen Kaneel Volkoren Ciabatta

INGREDIËNTEN:

- 1 1/2 kopjes warm water (45°C of 110°F)
- 2 1/4 theelepel actieve droge gist (1 pakje)
- 1/4 kopje suiker
- 3 1/2 kopjes volkorenmeel
- 1 1/2 theelepel zout
- 1/2 kop rozijnen
- 2 theelepels gemalen kaneel
- 1 eetlepel olijfolie
- Maïsmeel- of griesmeelmeel (om te bestuiven)

INSTRUCTIES:

a) Meng in een kleine kom het warme water, de gist en de suiker. Laat het ongeveer 5-10 minuten staan totdat het mengsel schuimig wordt.

b) Meng in een grote mengkom het volkorenmeel, het zout en de gemalen kaneel. Maak een kuiltje in het midden van het bloemmengsel.

c) Giet het gistmengsel en de olijfolie in het kuiltje in de bloem.

d) Roer de ingrediënten door elkaar tot er een deeg ontstaat.

e) Kneed het deeg op een met bloem bestoven oppervlak gedurende ongeveer 8-10 minuten tot het glad en elastisch wordt. Als het deeg te plakkerig is, kun je nog wat bloem toevoegen.

f) Doe het deeg in een licht met olie ingevette kom, dek het af met een schone doek of plasticfolie en laat het ongeveer 1 uur rijzen op een warme, tochtvrije plaats, of tot het in omvang is verdubbeld.

g) Verwarm uw oven voor op 230°C. Plaats een steen of een omgekeerde bakplaat in de oven terwijl deze voorverwarmt. Als je een pizzasteen hebt, werkt die prima voor het bakken van ciabatta.

h) Sla het deeg plat en verdeel het in twee gelijke porties.

i) Rol elke portie uit tot een lange, dunne ciabattavorm. U kunt het deeg met uw handen vormen of uitrollen op een met bloem bestoven oppervlak en het vervolgens overbrengen op een bakplaat of pizzaschep bestrooid met maïsmeel of griesmeel.

j) Strooi de rozijnen gelijkmatig over de bovenkant van elke ciabatta en druk ze voorzichtig in het deeg.

k) Bedek de gevormde ciabatta met een schone doek en laat ze opnieuw rijzen voor ongeveer 20-30 minuten.

l) Maak met een scherp mes of een scheermesje diagonale inkepingen in de bovenkant van de ciabatta. Dit helpt hen om de klassieke ciabatta-look uit te breiden en te ontwikkelen.

m) Plaats de ciabatta voorzichtig in de voorverwarmde oven, rechtstreeks op de steen of op de hete bakplaat. Wees voorzichtig bij het openen van de oven; het is heet!

n) Bak ongeveer 25-30 minuten, of tot de ciabatta goudbruin is en hol klinkt als je op de bodem klopt.

o) Laat de ciabatta afkoelen op een rooster voordat u hem in stukken snijdt en serveert.

30.Chilivlokken en Paprika Ciabatta

INGREDIËNTEN:
- 500 g sterk witbroodmeel
- 10 g zout
- 7 g instantgist
- 350 ml lauw water
- 2 eetlepels olijfolie
- 1 eetlepel chilivlokken
- 1 eetlepel gerookte paprikapoeder

INSTRUCTIES:
a) Meng bloem, zout en gist in een kom. Voeg water en olijfolie toe en kneed tot een gladde massa.

b) Dek af en laat rijzen tot het in volume verdubbeld is.

c) Verwarm de oven voor op 220°C.

d) Kneed het deeg en vorm het tot een ciabattabrood.

e) Leg het op een bakplaat, dek af en laat opnieuw rijzen.

f) Meng chilivlokken en gerookte paprika met een beetje olijfolie. Verdeel het mengsel over de ciabatta.

g) Bak 25-30 minuten tot ze goudbruin zijn. Laat afkoelen op een rooster voordat u het gaat snijden.

31.Kurkuma en Komijn Ciabatta

INGREDIËNTEN:
- 500 g sterk witbroodmeel
- 10 g zout
- 7 g instantgist
- 350 ml lauw water
- 2 eetlepels olijfolie
- 1 theelepel gemalen kurkuma
- 1 theelepel gemalen komijn

INSTRUCTIES:
a) Meng bloem, zout en gist in een kom. Voeg water en olijfolie toe en kneed tot een gladde massa.

b) Dek af en laat rijzen tot het in volume verdubbeld is.

c) Verwarm de oven voor op 220°C.

d) Kneed het deeg en vorm het tot een ciabattabrood.

e) Leg het op een bakplaat, dek af en laat opnieuw rijzen.

f) Meng de kurkuma en komijn met een beetje water tot een pasta. Verdeel de pasta over de ciabatta.

g) Bak 25-30 minuten tot ze goudbruin zijn. Laat afkoelen alvorens te snijden.

CHOCOLADE CIABATTA

32.Chocolade Hazelnoot Ciabatta

INGREDIËNTEN:
- 1 portie basis ciabattadeeg
- 1/2 kop hazelnoten, gehakt
- 1/2 kop pure chocoladestukjes
- 1/4 kopje cacaopoeder

INSTRUCTIES:
a) Bereid het basisciabattadeeg volgens uw favoriete recept.

b) Na de eerste rijzing het deeg platdrukken en de gehakte hazelnoten en pure chocoladestukjes erdoor kneden tot het gelijkmatig verdeeld is.

c) Vorm het deeg tot een ciabattabrood en leg het op een met bakpapier beklede bakplaat.

d) Dek het brood af met een schone theedoek en laat het nog eens 30-45 minuten rijzen.

e) Verwarm uw oven voor op 200°C.

f) Bestrooi de bovenkant van het brood vóór het bakken met cacaopoeder.

g) Bak gedurende 20-25 minuten, of tot het brood goudbruin is en hol klinkt als je op de bodem klopt.

h) Laat het afkoelen voordat je het snijdt en serveert.

33.Chocolade-sinaasappel Ciabatta

INGREDIËNTEN:
- 1 portie basis ciabattadeeg
- Schil van 1 sinaasappel
- 1/2 kop stukjes pure chocolade
- 1/4 kop kristalsuiker

INSTRUCTIES:
a)   Bereid het basisciabattadeeg volgens uw favoriete recept.
b)   Na de eerste rijzing het deeg platdrukken en de sinaasappelschil, stukjes pure chocolade en kristalsuiker erdoor kneden tot het gelijkmatig verdeeld is.
c)   Vorm het deeg tot een ciabattabrood en leg het op een met bakpapier beklede bakplaat.
d)   Dek het brood af met een schone theedoek en laat het nog eens 30-45 minuten rijzen.
e)   Verwarm uw oven voor op 200°C.
f)   Bak gedurende 20-25 minuten, of tot het brood goudbruin is en hol klinkt als je op de bodem klopt.
g)   Laat het iets afkoelen voordat u het snijdt en serveert.

34.Dubbele chocoladeciabatta

INGREDIËNTEN:
- 1 portie basis ciabattadeeg
- 1/2 kop pure chocoladestukjes
- 1/2 kop witte chocoladestukjes
- 2 eetlepels ongezoet cacaopoeder

INSTRUCTIES:
a)   Bereid het basisciabattadeeg volgens uw favoriete recept.

b)   Na de eerste keer rijzen, pons je het deeg en kneed je de pure chocoladestukjes, de witte chocoladestukjes en het ongezoete cacaopoeder erdoor tot het gelijkmatig verdeeld is.

c)   Vorm het deeg tot een ciabattabrood en leg het op een met bakpapier beklede bakplaat.

d)   Dek het brood af met een schone theedoek en laat het nog eens 30-45 minuten rijzen.

e)   Verwarm uw oven voor op 200°C.

f)   Bak gedurende 20-25 minuten, of tot het brood goudbruin is en hol klinkt als je op de bodem klopt.

g)   Laat het afkoelen voordat je het snijdt en serveert.

35.Ciabatta met chocoladekers en amandel

INGREDIËNTEN:
- 1 portie basis ciabattadeeg
- 1/2 kop stukjes pure chocolade
- 1/2 kopje gedroogde kersen, gehakt
- 1/4 kopje gesneden amandelen

INSTRUCTIES:
a)   Bereid het basisciabattadeeg volgens uw favoriete recept.

b)   Na de eerste rijzing het deeg platdrukken en de stukjes pure chocolade, gedroogde kersen en gesneden amandelen erdoor kneden tot het gelijkmatig verdeeld is.

c)   Vorm het deeg tot een ciabattabrood en leg het op een met bakpapier beklede bakplaat.

d)   Dek het brood af met een schone theedoek en laat het nog eens 30-45 minuten rijzen.

e)   Verwarm uw oven voor op 200°C.

f)   Bak gedurende 20-25 minuten, of tot het brood goudbruin is en hol klinkt als je op de bodem klopt.

g)   Laat het afkoelen voordat u het snijdt en serveert.

36.Chocolade Pindakaas Swirl Ciabatta

INGREDIËNTEN:
- 1 portie basis ciabattadeeg
- 1/2 kop pure chocoladestukjes
- 1/4 kop romige pindakaas

INSTRUCTIES:
a)   Bereid het basisciabattadeeg volgens uw favoriete recept.

b)   Na de eerste rijzing het deeg platdrukken en voorzichtig de stukjes pure chocolade erdoor vouwen.

c)   Verdeel het deeg in tweeën en rol elk deel uit tot een rechthoek.

d)   Verdeel de pindakaas gelijkmatig over een rechthoek deeg en laat een kleine rand langs de randen vrij.

e)   Leg de andere rechthoek deeg erop en druk de randen goed aan.

f)   Rol het deeg voorzichtig op tot een blokvorm.

g)   Breng het deeg over naar een bakplaat bekleed met bakpapier.

h)   Dek het brood af met een schone theedoek en laat het nog eens 30-45 minuten rijzen.

i)   Verwarm uw oven voor op 200°C.

j)   Bak gedurende 20-25 minuten, of tot het brood goudbruin is en hol klinkt als je op de bodem klopt.

k)   Laat het afkoelen voordat u het snijdt en serveert.

37.Ciabatta met chocolade-kokosnoot

INGREDIËNTEN:
- 1 portie basis ciabattadeeg
- 1/2 kop pure chocoladestukjes
- 1/2 kop geraspte kokosnoot

INSTRUCTIES:
a)   Bereid het basisciabattadeeg volgens uw favoriete recept.

b)   Na de eerste rijzing het deeg plat slaan en voorzichtig de donkere chocoladestukjes en de geraspte kokosnoot erdoor vouwen.

c)   Vorm het deeg tot een ciabattabrood en leg het op een met bakpapier beklede bakplaat.

d)   Dek het brood af met een schone theedoek en laat het nog eens 30-45 minuten rijzen.

e)   Verwarm uw oven voor op 200°C.

f)   Bak gedurende 20-25 minuten, of tot het brood goudbruin is en hol klinkt als je op de bodem klopt.

g)   Laat het afkoelen voordat je het snijdt en serveert.

38.Ciabatta met chocoladeframbozen

INGREDIËNTEN:
- 1 portie basis ciabattadeeg
- 1/2 kop pure chocoladestukjes
- 1/2 kop verse frambozen

INSTRUCTIES:
a) Bereid het basisciabattadeeg volgens uw favoriete recept.

b) Na de eerste rijzing het deeg platdrukken en voorzichtig de pure chocoladestukjes en verse frambozen erdoor vouwen.

c) Vorm het deeg tot een ciabattabrood en leg het op een met bakpapier beklede bakplaat.

d) Dek het brood af met een schone theedoek en laat het nog eens 30-45 minuten rijzen.

e) Verwarm uw oven voor op 200°C.

f) Bak gedurende 20-25 minuten, of tot het brood goudbruin is en hol klinkt als je op de bodem klopt.

g) Laat het afkoelen voordat u het snijdt en serveert.

39.ciabatta met chocoladestukjes

INGREDIËNTEN:

- 1 1/2 kopjes warm water (45°C of 110°F)
- 2 1/4 theelepel actieve droge gist (1 pakje)
- 1/4 kopje suiker
- 3 1/2 kopjes volkorenmeel
- 1 1/2 theelepel zout
- 1/4 kop ongezoet cacaopoeder
- 1/2 kopje chocoladestukjes (halfzoet of puur)
- 1/4 kop plantaardige olie
- 1 theelepel vanille-extract
- Maïsmeel- of griesmeelmeel (om te bestuiven)

INSTRUCTIES:

a) Meng in een kleine kom het warme water, de gist en de suiker. Laat het ongeveer 5-10 minuten staan totdat het mengsel schuimig wordt.

b) Meng in een grote mengkom het volkorenmeel, het cacaopoeder en het zout.

c) Maak een kuiltje in het midden van het bloemmengsel.

d) Giet het gistmengsel, de plantaardige olie en het vanille-extract in het kuiltje in de bloem.

e) Roer de ingrediënten door elkaar tot er een deeg ontstaat.

f) Kneed het deeg op een met bloem bestoven oppervlak gedurende ongeveer 8-10 minuten tot het glad en elastisch wordt. Als het deeg te plakkerig is, kun je nog wat bloem toevoegen.

g) Doe het deeg in een licht met olie ingevette kom, dek het af met een schone doek of plasticfolie en laat het ongeveer 1 uur rijzen op een warme, tochtvrije plaats, of tot het in omvang is verdubbeld.

h) Verwarm uw oven voor op 190°C. Plaats een bakplaat in de oven terwijl deze voorverwarmt.

i) Sla het deeg plat en voeg de chocoladestukjes toe. Kneed het deeg om de chocoladestukjes gelijkmatig te verdelen.

j) Rol het deeg uit tot een lange, dunne ciabattavorm. Je kunt het deeg met je handen vormen of uitrollen op een met bloem bestoven oppervlak.

k) Bestrooi de hete bakplaat met maïsmeel of griesmeel en leg de ciabatta op de bakplaat.

l) Maak met een scherp mes of een scheermesje enkele ondiepe inkepingen in de bovenkant van de ciabatta ter decoratie.

m) Bak ongeveer 25-30 minuten, of totdat de ciabatta stevig is en hol klinkt als je op de bodem klopt.

n) Laat de ciabatta afkoelen op een rooster voordat u hem in stukken snijdt en serveert.

o) Geniet van uw unieke en zoete Volkoren Ciabatta met Chocolade Chips! Het is een heerlijke combinatie van brood en chocolade, perfect voor zoetekauwen.

CAFFEÏNEERDE CIABATTA

40.Espresso Ciabatta

INGREDIËNTEN:

- 1 portie basis ciabattadeeg
- 2 eetlepels fijngemalen espresso of sterke koffie
- 1/4 kop stukjes pure chocolade (optioneel, voor extra smaak)

INSTRUCTIES:

a) Bereid het basisciabattadeeg volgens uw favoriete recept.

b) Na de eerste rijzing het deeg aandrukken en de fijngemalen espresso of sterke koffie erdoor kneden tot het gelijkmatig verdeeld is.

c) Kneed indien gewenst de stukjes pure chocolade erdoor voor extra smaak.

d) Vorm het deeg tot een ciabattabrood en leg het op een met bakpapier beklede bakplaat.

e) Dek het brood af met een schone theedoek en laat het nog eens 30-45 minuten rijzen.

f) Verwarm uw oven voor op 200°C.

g) Bak gedurende 20-25 minuten, of tot het brood goudbruin is en hol klinkt als je op de bodem klopt.

h) Laat het afkoelen voordat je het snijdt en serveert.

41.Matcha Groene Thee Ciabatta

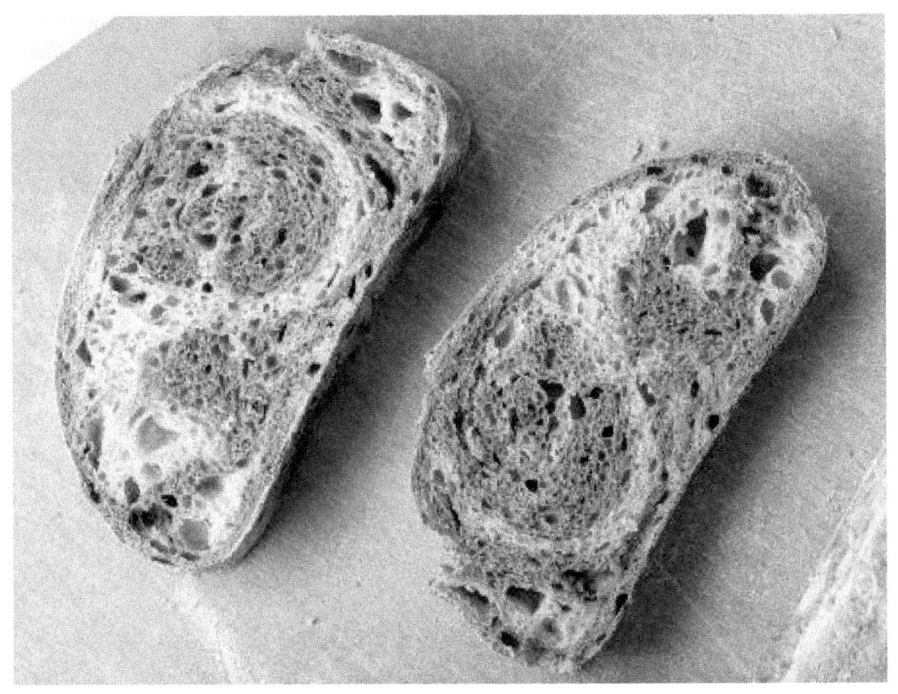

INGREDIËNTEN:
- 1 portie basis ciabattadeeg
- 2 eetlepels matcha groene theepoeder

INSTRUCTIES:
a)   Bereid het basisciabattadeeg volgens uw favoriete recept.

b)   Na de eerste rijzing het deeg platdrukken en het matcha groene theepoeder erdoor kneden tot het gelijkmatig verdeeld is.

c)   Vorm het deeg tot een ciabattabrood en leg het op een met bakpapier beklede bakplaat.

d)   Dek het brood af met een schone theedoek en laat het nog eens 30-45 minuten rijzen.

e)   Verwarm uw oven voor op 200°C.

f)   Bak gedurende 20-25 minuten, of tot het brood goudbruin is en hol klinkt als je op de bodem klopt.

g)   Laat het afkoelen voordat je het snijdt en serveert.

42.Chai-gekruide ciabatta

INGREDIËNTEN:
- 1 portie basis ciabattadeeg
- 2 theelepels chai kruidenmix (kaneel, kardemom, kruidnagel, gember, nootmuskaat)

INSTRUCTIES:
a) Bereid het basisciabattadeeg volgens uw favoriete recept.

b) Na de eerste rijzing het deeg platdrukken en het chai-kruidenmengsel erdoor kneden tot het gelijkmatig verdeeld is.

c) Vorm het deeg tot een ciabattabrood en leg het op een met bakpapier beklede bakplaat.

d) Dek het brood af met een schone theedoek en laat het nog eens 30-45 minuten rijzen.

e) Verwarm uw oven voor op 200°C.

f) Bak gedurende 20-25 minuten, of tot het brood goudbruin is en hol klinkt als je op de bodem klopt.

g) Laat het afkoelen voordat je het snijdt en serveert.

43.Mokka Chip Ciabatta

INGREDIËNTEN:
- 1 portie basis ciabattadeeg
- 2 eetlepels oploskoffiepoeder
- 1/2 kopje chocoladestukjes

INSTRUCTIES:

a)   Bereid het basisciabattadeeg volgens uw favoriete recept.

b)   Na de eerste rijzing het deeg aandrukken en het oploskoffiepoeder erdoor kneden tot het gelijkmatig verdeeld is.

c)   Kneed de chocoladestukjes erdoor tot ze gelijkmatig verdeeld zijn.

d)   Vorm het deeg tot een ciabattabrood en leg het op een met bakpapier beklede bakplaat.

e)   Dek het brood af met een schone theedoek en laat het nog eens 30-45 minuten rijzen.

f)   Verwarm uw oven voor op 200°C.

g)   Bak gedurende 20-25 minuten, of tot het brood goudbruin is en hol klinkt als je op de bodem klopt.

h)   Laat het afkoelen voordat je het snijdt en serveert.

VEGGIE CIABATTA

44.Ciabatta van zwarte olijven

INGREDIËNTEN:
VOOR DE VOORGERECHT (BIGA)
- 1 theelepel. snelle actie gedroogde gist
- 100 g sterke witte bloem

VOOR HET DEEG
- 400 g stevig witbroodmeel, plus extra om te bestuiven
- 1 1/4 theelepel. snelwerkende gedroogde gist
- 1 eetl. extra vergine olijfolie
- 150 g zwarte ontpitte olijven, fijngehakt, wij gebruikten kalamata, zie GH Tip

INSTRUCTIES:
a) Maak de avond voordat je je ciabatta gaat bakken het voorgerecht. Meng gist en 80 ml lauw water in de kom van een vrijstaande mixer. Laat 5 minuten staan, tot het schuimig is. Roer de bloem erdoor tot een zacht deeg. Dek af met een schone theedoek of huishoudfolie en laat het minimaal 4 uur rusten op een warme plaats, bij voorkeur een hele nacht.

b) Om het deeg te maken, doe je de resterende bloem in de kom, samen met de extra gist, olie en 300 ml lauw water. Meng met de deeghaak op lage snelheid gedurende 5 minuten, tot een zacht, nat deeg ontstaat. Voeg 1 theelepel fijn zout en de olijven toe en meng nog 5 minuten tot een gladde en elastische massa.

c) Dek af met een schone theedoek of huishoudfolie en laat nogmaals 1 uur rijzen, of tot het volume verdubbeld is.

d) Als je gerezen deeg klaar is, maak je je handen nat, doe dan een kant van het deeg in de kom, rek het uit en vouw het over de bovenkant heen. Draai de kom 90 graden en herhaal dit nog 7 keer. Dek het opnieuw af en laat het 45 minuten rusten en rijzen. Herhaal vervolgens de 8 rek- en vouwbewegingen nog een keer, gevolgd door 45 minuten rusten en rijzen.

e) Bekleed een grote bakplaat met bakpapier. Bestuif het perkamentpapier royaal met bloem om te voorkomen dat het deeg blijft plakken en moeilijk te hanteren is. Leg het deeg voorzichtig op het perkamentpapier. Bestuif de bovenkant van het deeg met bloem.

f) Verdeel het deeg in 3 ruwe rechthoeken met behulp van een deegschraper, een lang paletmes of zelfs de rand van een bakplaat – en scheid de broden zo goed mogelijk. Dek af met een schone theedoek en laat nogmaals 30 minuten rijzen.

g) Verwarm de oven voor op 220°C (200°C hetelucht) gasstand 7. Vul een kleine bakplaat met water en zet deze op de onderste plank van de oven om stoom te creëren.

h) Bak de ciabatta 30 minuten op de bakplaat, of tot hij goudbruin is en hol klinkt als je op de bodem tikt.

i) Laat volledig afkoelen op een rooster voordat u het serveert.

45.Vegetarische ciabatta

INGREDIËNTEN:

- 1 gele pompoen 6-8 inch
- 1 Courgette 15-20 cm
- 1 Rode paprika
- 2 plakjes paarse ui, ¼ inch dik
- 2 theelepels olijfolie, of olijfoliespray (maximaal 3)
- 1 verse ciabatta, 30 cm groot of de helft van een volledige maat
- 2 eetlepels halfvolle mozzarella
- Basilicum, vers of gedroogd, optioneel

INSTRUCTIES:

a) Snijd beide pompoenen in de lengte, ongeveer ¼ inch dik. Snijd de peper doormidden en verwijder de zaadjes. Leg de plakjes pompoen en ui op een groot bakplaat en leg de paprika's met de velkant naar boven. Bestrijk alles behalve de paprika's lichtjes met olijfolie of gebruik olijfoliespray en plaats ze onder de grill.

b) Laat de groenten staan totdat de paprika's verkoold zijn. Verwijder de paprika's en plaats ze in een papieren zak of een zware plastic zak en sluit de zak om de paprika's te stomen.

c) Draai de rest van de groenten om, spuit of borstel desgewenst opnieuw en rooster nog ongeveer 2 minuten, totdat de groenten zacht zijn, maar niet onherkenbaar gaar.

d) Snijd ondertussen de ciabatta in twee helften en snijd elke helft in de lengte door.

e) Leg op de onderste helft een eetlepel kaas. Smeer op de bovenste helft een theelepel mayonaise en bestrooi indien gewenst met basilicum. Als de paprika's 5 minuten hebben gestoomd, haal ze dan uit de zak en verwijder het vel. Snijd de helften nog een keer door, zodat je kwartjes krijgt.

f) Leg de groenten op elke sandwich over de kaas.

46.Zongedroogde Tomaat Volkoren Ciabatta

INGREDIËNTEN:

- 1 1/2 kopjes warm water (45°C of 110°F)
- 2 1/4 theelepel actieve droge gist (1 pakje)
- 1 theelepel suiker
- 3 1/2 kopjes volkorenmeel
- 1 1/2 theelepel zout
- 1 eetlepel olijfolie
- 1/2 kopje zongedroogde tomaten, fijngehakt
- 1/4 kopje verse basilicumblaadjes, gehakt
- Maïsmeel- of griesmeelmeel (om te bestuiven)

INSTRUCTIES:

a) Meng in een kleine kom het warme water, de gist en de suiker. Laat het ongeveer 5-10 minuten staan totdat het mengsel schuimig wordt.

b) Meng het volkorenmeel en het zout in een grote mengkom. Maak een kuiltje in het midden van het bloemmengsel.

c) Giet het gistmengsel en de olijfolie in het kuiltje in de bloem.

d) Roer de ingrediënten door elkaar tot er een deeg ontstaat.

e) Kneed het deeg op een met bloem bestoven oppervlak gedurende ongeveer 8-10 minuten tot het glad en elastisch wordt. Als het deeg te plakkerig is, kun je nog wat bloem toevoegen.

f) Doe het deeg in een licht met olie ingevette kom, dek het af met een schone doek of plasticfolie en laat het ongeveer 1 uur rijzen op een warme, tochtvrije plaats, of tot het in omvang is verdubbeld.

g) Verwarm uw oven voor op 230°C. Plaats een steen of een omgekeerde bakplaat in de oven terwijl deze voorverwarmt. Als je een pizzasteen hebt, werkt die prima voor het bakken van ciabatta.

h) Sla het deeg plat en verdeel het in twee gelijke porties.

i) Rol elke portie uit tot een lange, dunne ciabattavorm. U kunt uw handen gebruiken om het deeg vorm te geven of het uitrollen op een met bloem bestoven oppervlak en het vervolgens overbrengen op een bakplaat of pizzaschep bestrooid met maïsmeel of griesmeel.

j) Strooi de fijngehakte zongedroogde tomaten en verse basilicumblaadjes gelijkmatig over de bovenkant van elke ciabatta en druk ze voorzichtig in het deeg.

k) Bedek de gevormde ciabatta met een schone doek en laat ze opnieuw rijzen voor ongeveer 20-30 minuten.

l) Maak met een scherp mes of een scheermesje diagonale inkepingen in de bovenkant van de ciabatta. Dit helpt hen om de klassieke ciabatta-look uit te breiden en te ontwikkelen.

m) Plaats de ciabatta voorzichtig in de voorverwarmde oven, rechtstreeks op de steen of op de hete bakplaat. Wees voorzichtig bij het openen van de oven; het is heet!

n) Bak ongeveer 25-30 minuten, of tot de ciabatta goudbruin is en hol klinkt als je op de bodem klopt.

o) Laat de ciabatta afkoelen op een rooster voordat u hem in stukken snijdt en serveert.

p) Geniet van je zelfgemaakte zongedroogde tomaat en basilicum volkoren ciabatta met de heerlijke smaken van zongedroogde tomaten en verse basilicum!

47.Olijf- en kruidenvolkoren ciabatta

INGREDIËNTEN:

- 1 1/2 kopjes warm water (45°C of 110°F)
- 2 1/4 theelepel actieve droge gist (1 pakje)
- 1 theelepel suiker
- 3 1/2 kopjes volkorenmeel
- 1 1/2 theelepel zout
- 1 eetlepel olijfolie
- 1/2 kop ontpitte groene of zwarte olijven, gehakt
- 2 eetlepels verse kruiden (zoals rozemarijn, tijm of oregano), gehakt
- Maïsmeel- of griesmeelmeel (om te bestuiven)

INSTRUCTIES:

a) Meng in een kleine kom het warme water, de gist en de suiker. Laat het ongeveer 5-10 minuten staan totdat het mengsel schuimig wordt.

b) Meng het volkorenmeel en het zout in een grote mengkom. Maak een kuiltje in het midden van het bloemmengsel.

c) Giet het gistmengsel en de olijfolie in het kuiltje in de bloem.

d) Roer de ingrediënten door elkaar tot er een deeg ontstaat.

e) Kneed het deeg op een met bloem bestoven oppervlak gedurende ongeveer 8-10 minuten tot het glad en elastisch wordt. Als het deeg te plakkerig is, kun je nog wat bloem toevoegen.

f) Doe het deeg in een licht met olie ingevette kom, dek het af met een schone doek of plasticfolie en laat het ongeveer 1 uur rijzen op een warme, tochtvrije plaats, of tot het in omvang is verdubbeld.

g) Verwarm uw oven voor op 230°C. Plaats een steen of een omgekeerde bakplaat in de oven terwijl deze voorverwarmt. Als je een pizzasteen hebt, werkt die prima voor het bakken van ciabatta.

h) Sla het deeg plat en verdeel het in twee gelijke porties.

i) Rol elke portie uit tot een lange, dunne ciabattavorm. U kunt het deeg met uw handen vormen of uitrollen op een met bloem bestoven oppervlak en het vervolgens overbrengen op een bakplaat of pizzaschep bestrooid met maïsmeel of griesmeel.

j)   Strooi de gehakte olijven en verse kruiden gelijkmatig over de bovenkant van elke ciabatta en druk ze voorzichtig in het deeg.

k)   Bedek de gevormde ciabatta met een schone doek en laat ze opnieuw rijzen voor ongeveer 20-30 minuten.

l)   Maak met een scherp mes of een scheermesje diagonale inkepingen in de bovenkant van de ciabatta. Dit helpt hen om de klassieke ciabatta-look uit te breiden en te ontwikkelen.

m)   Plaats de ciabatta voorzichtig in de voorverwarmde oven, rechtstreeks op de steen of op de hete bakplaat. Wees voorzichtig bij het openen van de oven; het is heet!

n)   Bak ongeveer 25-30 minuten, of tot de ciabatta goudbruin is en hol klinkt als je op de bodem klopt.

o)   Laat de ciabatta afkoelen op een rooster voordat u hem in stukken snijdt en serveert.

p)   Geniet van uw zelfgemaakte Volkoren Ciabatta met olijven en kruiden met de heerlijke smaken van olijven en verse kruiden!

48.Jalapeño Volkoren Ciabatta

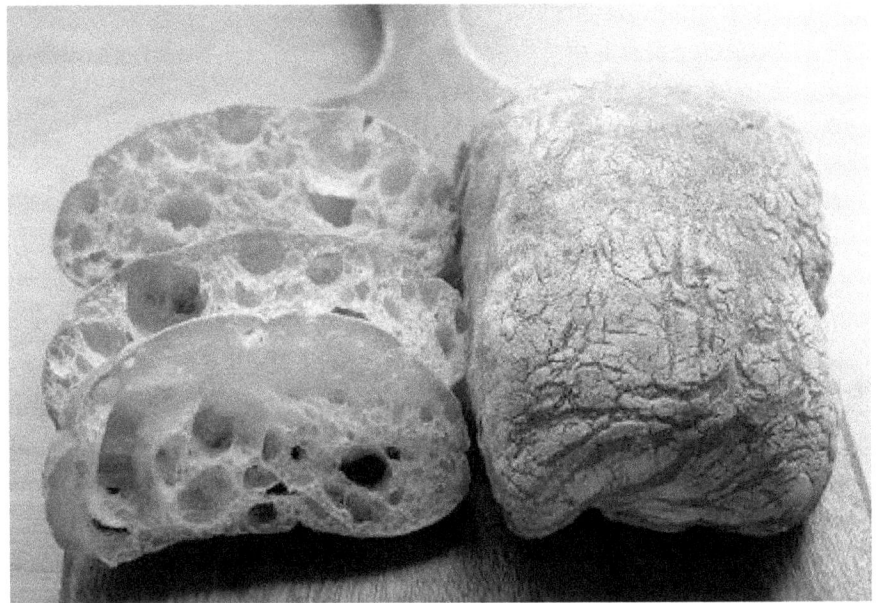

INGREDIËNTEN:

- 1 1/2 kopjes warm water (45°C of 110°F)
- 2 1/4 theelepel actieve droge gist (1 pakje)
- 1 theelepel suiker
- 3 1/2 kopjes volkorenmeel
- 1 1/2 theelepel zout
- 2 jalapeñopepers, zonder zaadjes en fijngehakt
- 1 eetlepel olijfolie
- Maïsmeel- of griesmeelmeel (om te bestuiven)

INSTRUCTIES:

a) Meng in een kleine kom het warme water, de gist en de suiker. Laat het ongeveer 5-10 minuten staan totdat het mengsel schuimig wordt.

b) Meng het volkorenmeel en het zout in een grote mengkom. Maak een kuiltje in het midden van het bloemmengsel.

c) Giet het gistmengsel en de olijfolie in het kuiltje in de bloem.

d) Roer de ingrediënten door elkaar tot er een deeg ontstaat.

e) Kneed het deeg op een met bloem bestoven oppervlak gedurende ongeveer 8-10 minuten tot het glad en elastisch wordt. Als het deeg te plakkerig is, kun je nog wat bloem toevoegen.

f) Doe het deeg in een licht met olie ingevette kom, dek het af met een schone doek of plasticfolie en laat het ongeveer 1 uur rijzen op een warme, tochtvrije plaats, of tot het in omvang is verdubbeld.

g) Verwarm uw oven voor op 230°C. Plaats een steen of een omgekeerde bakplaat in de oven terwijl deze voorverwarmt. Als je een pizzasteen hebt, werkt die prima voor het bakken van ciabatta.

h) Sla het deeg plat en verdeel het in twee gelijke porties.

i) Rol elke portie uit tot een lange, dunne ciabattavorm. U kunt het deeg met uw handen vormen of uitrollen op een met bloem bestoven oppervlak en het vervolgens overbrengen op een bakplaat of pizzaschep bestrooid met maïsmeel of griesmeel.

j) Strooi de fijngehakte jalapeñopepers gelijkmatig over de bovenkant van elke ciabatta en druk ze voorzichtig in het deeg.

k) Bedek de gevormde ciabatta met een schone doek en laat ze opnieuw rijzen voor ongeveer 20-30 minuten.

l) Maak met een scherp mes of een scheermesje diagonale inkepingen in de bovenkant van de ciabatta. Dit helpt hen om de klassieke ciabatta-look uit te breiden en te ontwikkelen.

m) Plaats de ciabatta voorzichtig in de voorverwarmde oven, rechtstreeks op de steen of op de hete bakplaat. Wees voorzichtig bij het openen van de oven; het is heet!

n) Bak ongeveer 25-30 minuten, of tot de ciabatta goudbruin is en hol klinkt als je op de bodem klopt.

o) Laat de ciabatta afkoelen op een rooster voordat u hem in stukken snijdt en serveert.

p) Geniet van je zelfgemaakte Jalapeño Volkoren Ciabatta, met een pittige smaak!

49.Volkoren ciabatta met cheddar en bieslook

INGREDIËNTEN:

- 1 1/2 kopjes warm water (45°C of 110°F)
- 2 1/4 theelepel actieve droge gist (1 pakje)
- 1 theelepel suiker
- 3 1/2 kopjes volkorenmeel
- 1 1/2 theelepel zout
- 1 eetlepel olijfolie
- 1 kop scherpe cheddarkaas, geraspt
- 1/4 kopje verse bieslook, gehakt
- Maïsmeel- of griesmeelmeel (om te bestuiven)

INSTRUCTIES:

a) Meng in een kleine kom het warme water, de gist en de suiker. Laat het ongeveer 5-10 minuten staan totdat het mengsel schuimig wordt.

b) Meng het volkorenmeel en het zout in een grote mengkom. Maak een kuiltje in het midden van het bloemmengsel.

c) Giet het gistmengsel en de olijfolie in het kuiltje in de bloem.

d) Roer de ingrediënten door elkaar tot er een deeg ontstaat.

e) Kneed het deeg op een met bloem bestoven oppervlak gedurende ongeveer 8-10 minuten tot het glad en elastisch wordt. Als het deeg te plakkerig is, kun je nog wat bloem toevoegen.

f) Doe het deeg in een licht met olie ingevette kom, dek het af met een schone doek of plasticfolie en laat het ongeveer 1 uur rijzen op een warme, tochtvrije plaats, of tot het in omvang is verdubbeld.

g) Verwarm uw oven voor op 230°C. Plaats een steen of een omgekeerde bakplaat in de oven terwijl deze voorverwarmt. Als je een pizzasteen hebt, werkt die prima voor het bakken van ciabatta.

h) Sla het deeg plat en verdeel het in twee gelijke porties.

i) Rol elke portie uit tot een lange, dunne ciabattavorm. U kunt het deeg met uw handen vormen of uitrollen op een met bloem bestoven oppervlak en het vervolgens overbrengen op een bakplaat of pizzaschep bestrooid met maïsmeel of griesmeel.

j) Strooi de geraspte cheddarkaas en de gehakte bieslook gelijkmatig over de bovenkant van elke ciabatta en druk ze voorzichtig in het deeg.

k) Bedek de gevormde ciabatta met een schone doek en laat ze opnieuw rijzen voor ongeveer 20-30 minuten.

l) Maak met een scherp mes of een scheermesje diagonale inkepingen in de bovenkant van de ciabatta. Dit helpt hen om de klassieke ciabatta-look uit te breiden en te ontwikkelen.

m) Plaats de ciabatta voorzichtig in de voorverwarmde oven, rechtstreeks op de steen of op de hete bakplaat. Wees voorzichtig bij het openen van de oven; het is heet!

n) Bak ongeveer 25-30 minuten, of tot de ciabatta goudbruin is en hol klinkt als je op de bodem klopt.

o) Laat de ciabatta afkoelen op een rooster voordat u hem in stukken snijdt en serveert.

p) Geniet van je zelfgemaakte Cheddar en Bieslook Volkoren Ciabatta met de hartige goedheid van cheddarkaas en verse bieslook!

50.Pesto en Mozzarella Volkoren Ciabatta

INGREDIËNTEN:
- 1 1/2 kopjes warm water (45°C of 110°F)
- 2 1/4 theelepel actieve droge gist (1 pakje)
- 1 theelepel suiker
- 3 1/2 kopjes volkorenmeel
- 1 1/2 theelepel zout
- 1/4 kopje pestosaus
- 1 kopje mozzarellakaas, versnipperd
- Maïsmeel- of griesmeelmeel (om te bestuiven)

INSTRUCTIES:
a) Meng in een kleine kom het warme water, de gist en de suiker. Laat het ongeveer 5-10 minuten staan totdat het mengsel schuimig wordt.

b) Meng het volkorenmeel en het zout in een grote mengkom. Maak een kuiltje in het midden van het bloemmengsel.

c) Giet het gistmengsel in het kuiltje in de bloem.

d) Roer de ingrediënten door elkaar tot er een deeg ontstaat.

e) Kneed het deeg op een met bloem bestoven oppervlak gedurende ongeveer 8-10 minuten tot het glad en elastisch wordt. Als het deeg te plakkerig is, kun je nog wat bloem toevoegen.

f) Doe het deeg in een licht met olie ingevette kom, dek het af met een schone doek of plasticfolie en laat het ongeveer 1 uur rijzen op een warme, tochtvrije plaats, of tot het in omvang is verdubbeld.

g) Verwarm uw oven voor op 230°C. Plaats een steen of een omgekeerde bakplaat in de oven terwijl deze voorverwarmt. Als je een pizzasteen hebt, werkt die prima voor het bakken van ciabatta.

h) Sla het deeg plat en verdeel het in twee gelijke porties.

i) Rol elke portie uit tot een lange, dunne ciabattavorm. U kunt het deeg met uw handen vormen of uitrollen op een met bloem bestoven oppervlak en het vervolgens overbrengen op een bakplaat of pizzaschep bestrooid met maïsmeel of griesmeel.

j) Verdeel de pestosaus gelijkmatig over de bovenkant van elke ciabatta.

k) Strooi de geraspte mozzarellakaas over de pesto.

l) Bedek de gevormde ciabatta met een schone doek en laat ze opnieuw rijzen voor ongeveer 20-30 minuten.

m) Maak met een scherp mes of een scheermesje diagonale inkepingen in de bovenkant van de ciabatta. Dit helpt hen om de klassieke ciabatta-look uit te breiden en te ontwikkelen.

n) Plaats de ciabatta voorzichtig in de voorverwarmde oven, rechtstreeks op de steen of op de hete bakplaat. Wees voorzichtig bij het openen van de oven; het is heet!

o) Bak ongeveer 25-30 minuten, of tot de ciabatta goudbruin is en hol klinkt als je op de bodem klopt.

p) Laat de ciabatta afkoelen op een rooster voordat u hem in stukken snijdt en serveert.

q) Geniet van je zelfgemaakte Pesto en Mozzarella Volkoren Ciabatta, met de heerlijke smaken van pesto en kleverige mozzarellakaas!

CIABATTA-BROODJES

51.Caprese Ciabatta-sandwich

INGREDIËNTEN:

- 1 ciabattabrood, in de lengte doormidden gesneden
- 2 grote tomaten, in plakjes gesneden
- 1 bol verse mozzarellakaas, in plakjes gesneden
- Verse basilicumblaadjes
- Balsamico glazuur
- Olijfolie
- Zout en peper naar smaak

INSTRUCTIES:

a) Bestrijk de binnenkant van elke helft van het ciabattabrood met olijfolie.

b) Leg de gesneden tomaten, mozzarellakaas en verse basilicumblaadjes op de onderste helft van het ciabattabrood.

c) Giet het balsamicoglazuur over de vulling en breng op smaak met peper en zout.

d) Leg de bovenste helft van het ciabattabrood over de vulling, zodat er een sandwich ontstaat.

e) Snijd de sandwich in individuele porties en serveer.

52.Gegrilde Kip Pesto Ciabatta Sandwich

INGREDIËNTEN:

- 1 ciabattabrood, in de lengte doormidden gesneden
- 2 gegrilde kipfilets, in plakjes gesneden
- 4 eetlepels pestosaus
- 1 kopje babyspinazieblaadjes
- 1 tomaat, in plakjes gesneden
- 4 plakjes provolonekaas

INSTRUCTIES:

a) Verdeel de pestosaus over de onderste helft van het ciabattabrood.

b) Leg de plakjes gegrilde kip, babyspinazieblaadjes, plakjes tomaat en provolonekaas op de pesto.

c) Leg de bovenste helft van het ciabattabrood over de vulling, zodat er een sandwich ontstaat.

d) Grill de sandwich op een paninipers of grillpan tot de kaas gesmolten is en het brood knapperig is.

e) Snijd de sandwich in individuele porties en serveer warm.

53.Italiaanse Ciabatta-sandwich

INGREDIËNTEN:

- 1 ciabattabrood, in de lengte doormidden gesneden
- 4 plakjes prosciutto
- 4 plakjes salami
- 4 plakjes mortadella
- 4 plakjes provolonekaas
- 1/2 kopje geroosterde rode paprika, in plakjes gesneden
- 1/4 kopje gesneden zwarte olijven
- 1/4 kop gesneden pepperoncini
- Olijfolie
- Zout en peper naar smaak

INSTRUCTIES:

a)   Bestrijk de binnenkant van elke helft van het ciabattabrood met olijfolie.

b)   Leg de prosciutto, salami, mortadella, provolonekaas, geroosterde rode paprika, zwarte olijven en pepperoncini op de onderste helft van het ciabattabrood.

c)   Breng op smaak met zout en peper.

d)   Leg de bovenste helft van het ciabattabrood over de vulling, zodat er een sandwich ontstaat.

e)   Snijd de sandwich in individuele porties en serveer.

54.Mediterrane Veggie Ciabatta Sandwich

INGREDIËNTEN:
- 1 ciabattabrood, in de lengte doormidden gesneden
- 1/2 kopje hummus
- 1 kopje gemengde groenten
- 1/2 kopje gesneden komkommer
- 1/2 kopje gesneden tomaat
- 1/4 kopje gesneden rode ui
- 1/4 kopje verkruimelde fetakaas
- Kalamata-olijven, voor garnering
- Olijfolie
- Zout en peper naar smaak

INSTRUCTIES:
a) Verdeel de hummus over de onderste helft van het ciabattabrood.

b) Leg de gemengde groenten, gesneden komkommer, gesneden tomaat, gesneden rode ui en verkruimelde fetakaas bovenop de hummus.

c) Druppel olijfolie over de vulling en breng op smaak met peper en zout.

d) Leg de bovenste helft van het ciabattabrood over de vulling, zodat er een sandwich ontstaat.

e) Snijd de sandwich in individuele porties en garneer met Kalamata-olijven voordat je hem serveert.

55.Turkije Cranberry Ciabatta Sandwich

INGREDIËNTEN:

- 1 ciabattabrood, in de lengte doormidden gesneden
- Gesneden kalkoenborst
- Cranberry saus
- Bladeren van babyspinazie
- Gesneden briekaas
- Dijon mosterd

INSTRUCTIES:

a) Verdeel de Dijon-mosterd over de onderste helft van het ciabattabrood.

b) Leg de gesneden kalkoenfilet, cranberrysaus, babyspinazieblaadjes en gesneden brie op de mosterd.

c) Leg de bovenste helft van het ciabattabrood over de vulling, zodat er een sandwich ontstaat.

d) Snijd de sandwich in individuele porties en serveer.

56.Sandwich met aubergine-parmezaanse kaas en ciabatta

INGREDIËNTEN:
- 1 ciabattabrood, in de lengte doormidden gesneden
- Gepaneerde en gebakken plakjes aubergine
- Marinara-saus
- Gesneden mozzarella-kaas
- Verse basilicumblaadjes

INSTRUCTIES:
a) Verdeel de marinarasaus over de onderste helft van het ciabattabrood.

b) Leg de gepaneerde en gebakken plakjes aubergine, de gesneden mozzarellakaas en de verse basilicumblaadjes op de saus.

c) Leg de bovenste helft van het ciabattabrood over de vulling, zodat er een sandwich ontstaat.

d) Snijd de sandwich in individuele porties en serveer.

57.Rosbief en Mierikswortel Ciabatta Sandwich

INGREDIËNTEN:
- 1 ciabattabrood, in de lengte doormidden gesneden
- Dun gesneden rosbief
- Mierikswortelsaus
- Rucola
- Gesneden rode ui
- Zwitserse kaasplakken

INSTRUCTIES:
a) Verdeel de mierikswortelsaus over de onderste helft van het ciabattabrood.
b) Leg het dun gesneden rosbief, de rucola, de gesneden rode ui en de plakjes Zwitserse kaas op de saus.
c) Leg de bovenste helft van het ciabattabrood over de vulling, zodat er een sandwich ontstaat.
d) Snijd de sandwich in individuele porties en serveer.

58.Tonijnsalade Ciabatta Sandwich

INGREDIËNTEN:
- 1 ciabattabrood, in de lengte doormidden gesneden
- Tonijnsalade (bereid met tonijn uit blik, mayonaise, in blokjes gesneden bleekselderij, in blokjes gesneden rode ui, zout en peper)
- Gesneden tomaat
- Sla blaadjes
- Gesneden avocado

INSTRUCTIES:
a) Verdeel de tonijnsalade over de onderste helft van het ciabattabrood.

b) Leg de gesneden tomaat, slablaadjes en gesneden avocado op de tonijnsalade.

c) Leg de bovenste helft van het ciabattabrood over de vulling, zodat er een sandwich ontstaat.

d) Snijd de sandwich in individuele porties en serveer.

59.Broodje Mozzarella Pesto Veggie Ciabatta

INGREDIËNTEN:

- 1 ciabattabrood, in de lengte doormidden gesneden
- Pesto saus
- Gesneden verse mozzarella kaas
- Gegrilde of geroosterde groenten (zoals courgette, paprika en aubergine)
- Verse spinaziebladeren

INSTRUCTIES:

a) Verdeel de pestosaus over de onderste helft van het ciabattabrood.

b) Leg de gesneden verse mozzarella, gegrilde of geroosterde groenten en verse spinazieblaadjes op de pesto.

c) Leg de bovenste helft van het ciabattabrood over de vulling, zodat er een sandwich ontstaat.

d) Snijd de sandwich in individuele porties en serveer.

60.Sandwich met gerookte zalm en roomkaas

INGREDIËNTEN:
- 1 ciabattabrood, in de lengte doormidden gesneden
- Plakjes gerookte zalm
- Roomkaas
- Dun gesneden rode ui
- Kappertjes
- Verse dille

INSTRUCTIES:
a) Verdeel roomkaas over de onderste helft van het ciabattabrood.
b) Leg de plakjes gerookte zalm, de in dunne plakjes gesneden rode ui, kappertjes en verse dille op de roomkaas.
c) Leg de bovenste helft van het ciabattabrood over de vulling, zodat er een sandwich ontstaat.
d) Snijd de sandwich in individuele porties en serveer.

61.BBQ-trokken varkensvlees Ciabatta Sandwich

INGREDIËNTEN:

- 1 ciabattabrood, in de lengte doormidden gesneden
- BBQ-trokken varkensvlees
- Koolsalade
- Augurken

INSTRUCTIES:

a) Verwarm de BBQ pulled pork.

b) Leg het opgewarmde BBQ-trokken varkensvlees en de koolsla op de onderste helft van het ciabattabrood.

c) Voeg augurken toe bovenop de koolsalade.

d) Leg de bovenste helft van het ciabattabrood over de vulling, zodat er een sandwich ontstaat.

e) Snijd de sandwich in individuele porties en serveer.

62.Griekse Kip Ciabatta Sandwich

INGREDIËNTEN:
- 1 ciabattabrood, in de lengte doormidden gesneden
- Gegrilde kipfilet, in plakjes gesneden
- Tzatziki-saus
- Gesneden komkommer
- Gesneden tomaat
- Plakjes rode ui
- Kalamata-olijven
- Verkruimelde fetakaas

INSTRUCTIES:
a) Verdeel de tzatziki-saus over de onderste helft van het ciabattabrood.

b) Leg de gesneden gegrilde kippenborst, gesneden komkommer, gesneden tomaat, plakjes rode ui, Kalamata-olijven en verkruimelde fetakaas bovenop de tzatziki-saus.

c) Leg de bovenste helft van het ciabattabrood over de vulling, zodat er een sandwich ontstaat.

d) Snijd de sandwich in individuele porties en serveer.

63.Sandwich met biefstuk en gekarameliseerde ui

INGREDIËNTEN:
- 1 ciabattabrood, in de lengte doormidden gesneden
- Gesneden biefstuk (zoals ribeye of entrecote), gekookt naar uw voorkeur
- Gekarameliseerde uien
- Gesneden provolonekaas
- Rucola
- Mierikswortelaioli (mayonaise gemengd met bereide mierikswortel)

INSTRUCTIES:
a) Verdeel de mierikswortelaioli over de onderste helft van het ciabattabrood.

b) Leg de gesneden biefstuk, gekarameliseerde uien, gesneden provolonekaas en rucola op de aioli.

c) Leg de bovenste helft van het ciabattabrood over de vulling, zodat er een sandwich ontstaat.

d) Snijd de sandwich in individuele porties en serveer.

64.Avocado Kip Caesar Ciabatta Sandwich

INGREDIËNTEN:
- 1 ciabattabrood, in de lengte doormidden gesneden
- Gegrilde kipfilet, in plakjes gesneden
- Romaine slablaadjes
- Caesar dressing
- Gesneden avocado
- Geschaafde Parmezaanse kaas

INSTRUCTIES:
a) Verdeel de Caesardressing over de onderste helft van het ciabattabrood.

b) Leg de gegrilde kipfilet, romaine slablaadjes, gesneden avocado en geschaafde Parmezaanse kaas bovenop de dressing.

c) Leg de bovenste helft van het ciabattabrood over de vulling, zodat er een sandwich ontstaat.

d) Snijd de sandwich in individuele porties en serveer.

65.Ciabatta-sandwich met buffelkip

INGREDIËNTEN:
- 1 ciabattabrood, in de lengte doormidden gesneden
- Geraspte buffelkip (gekookte kip in buffelsaus)
- Blauwe kaas dressing
- Gesneden bleekselderij
- Gesneden rode ui
- Sla blaadjes

INSTRUCTIES:
a) Verdeel de blauwe kaasdressing over de onderste helft van het ciabattabrood.

b) Leg de geraspte buffelkip, de gesneden bleekselderij, de gesneden rode ui en de slablaadjes op de dressing.

c) Leg de bovenste helft van het ciabattabrood over de vulling, zodat er een sandwich ontstaat.

d) Snijd de sandwich in individuele porties en serveer.

66.Broodje Muffuletta Ciabatta

INGREDIËNTEN:
- 1 ciabattabrood, in de lengte doormidden gesneden
- Gesneden ham
- Gesneden salami
- Gesneden mortadella
- Gesneden provolonekaas
- Muffuletta-olijvensalade

INSTRUCTIES:
a)   Leg de gesneden ham, salami, mortadella en provolonekaas op de onderste helft van het ciabattabrood.
b)   Verdeel de muffuletta-olijvensalade over de kaas.
c)   Leg de bovenste helft van het ciabattabrood over de vulling, zodat er een sandwich ontstaat.
d)   Snijd de sandwich in individuele porties en serveer.

67.Geglazuurde Portobello-champignonsandwich

INGREDIËNTEN:

- 1 ciabattabrood, in de lengte doormidden gesneden
- Portobello-paddenstoelen, stengels verwijderd
- Balsamico glazuur
- Olijfolie
- Teentjes knoflook, fijngehakt
- Bladeren van babyspinazie
- Gesneden rode paprika
- Gesneden provolonekaas

INSTRUCTIES:

a)   Verwarm de oven voor op 200 °C.

b)   Bestrijk de portobello-champignons met olijfolie en gehakte knoflook. Rooster ze gedurende 15-20 minuten tot ze gaar zijn.

c)   Giet het balsamicoglazuur over de champignons.

d)   Leg de geroosterde champignons, babyspinazieblaadjes, gesneden rode paprika en provolonekaas op de onderste helft van het ciabattabrood.

e)   Leg de bovenste helft van het ciabattabrood over de vulling, zodat er een sandwich ontstaat.

f)   Snijd de sandwich in individuele porties en serveer.

68.Tofu Banh Mi Ciabatta-sandwich

INGREDIËNTEN:
- 1 ciabattabrood, in de lengte doormidden gesneden
- Gebakken of gebakken tofu plakjes
- Ingemaakte wortelen en daikon-radijs
- Gesneden komkommer
- Gesneden jalapeño's
- Verse korianderblaadjes
- Veganistische mayonaise
- Sriracha-saus

INSTRUCTIES:
a)   Verdeel veganistische mayonaise en srirachasaus op de onderste helft van het ciabattabrood.

b)   Leg de gebakken of gebakken tofu-plakken, ingelegde wortelen en daikon-radijs, gesneden komkommer, gesneden jalapeños en verse korianderblaadjes bovenop de saus.

c)   Leg de bovenste helft van het ciabattabrood over de vulling, zodat er een sandwich ontstaat.

d)   Snijd de sandwich in individuele porties en serveer.

69.Italiaanse worst en paprika Ciabatta Sandwich

INGREDIËNTEN:
- 1 ciabattabrood, in de lengte doormidden gesneden
- Italiaanse worstlinks, gekookt en gesneden
- Gebakken paprika en uien
- Marinara-saus
- Gesneden provolonekaas

INSTRUCTIES:
a) Verdeel de marinarasaus over de onderste helft van het ciabattabrood.
b) Leg de plakjes gekookte Italiaanse worst, gebakken paprika en uien en gesneden provolonekaas op de saus.
c) Leg de bovenste helft van het ciabattabrood over de vulling, zodat er een sandwich ontstaat.
d) Snijd de sandwich in individuele porties en serveer.

70.Ciabatta-steaksandwich

INGREDIËNTEN:
- 1 (2 pond) Londense gril
- 1 eetlepel olijfolie
- 1 eetlepel steakkruiden
- 2 eetlepels pesto
- 1/4 kop mayonaise
- 4 ciabattabroodjes, in de lengte in 1/2 gesneden
- 3 pruimtomaten, in plakjes gesneden

INSTRUCTIES:
a) Verwarm de grill voor op middelhoog vuur.

b) Bestrijk London gril met olijfolie en breng op smaak met steakkruiden. Plaats op de grill. Grill 3 tot 5 minuten per kant, afhankelijk van de dikte en voorkeur. Als je klaar bent, laat je het 5 minuten rusten en snijd je het schuin in plakjes.

c) Meng pesto en mayonaise in een kleine kom.

d) Verdeel het mayonaisemengsel over de onderste helft van elke ciabatta.

e) Beleg met plakjes tomaat en vlees. Bedek met de bovenste helften en serveer.

71.Ciabatta-prosciutto Sandwich

INGREDIËNTEN:
- 4 broden ciabattabrood, klein
- 2 eetlepels olijfolie
- ¾ pond prosciutto, verdeeld
- 1 kop tomaten, in plakjes gesneden, verdeeld
- 1 kopje rucola, gewassen en gedroogd, verdeeld
- 1 kopje mayonaise, verdeeld

INSTRUCTIES:
a)   Begin met het doormidden snijden van elke ciabatta, zodat je een boven- en onderstuk hebt.

b)   Bestrijk de binnenkant van elk stuk ciabatta lichtjes met olijfolie.

c)   Leg de plakjes op een bakplaat en bak ze 7 minuten in de oven. Dit kan ook worden gedaan door de met olie bestreken kant van het brood in een koekenpan op middelhoog vuur gedurende 2 minuten te roosteren of tot het lichtbruin is.

d)   Leg op elk onderste stuk ciabatta een laag rucola, plakjes tomaat en vervolgens prosciutto.

e)   Bestrijk eventueel met mayonaise of mosterdspread.

f)   Leg de andere helft van het ciabattabrood op de prosciutto om de sandwich compleet te maken.

g)   Herhaal het proces totdat alle 4 de broden gevuld zijn met alle ingrediënten.

h)   Serveer en geniet!

GEVULDE CIABATTA

72.Caprese gevulde ciabatta

INGREDIËNTEN:

- 1 ciabatta
- 8 ons verse mozzarella, in plakjes gesneden
- 1 kop kerstomaatjes, gehalveerd
- Verse basilicumblaadjes
- Balsamico glazuur

INSTRUCTIES:

a) Snijd de ciabatta in de lengte doormidden.
b) Hol de binnenkant van de ciabatta uit, zodat er ruimte ontstaat voor de vulling.
c) Leg de verse mozzarella, kerstomaatjes en basilicumblaadjes in de ciabatta.
d) Besprenkel met balsamicoglazuur.
e) Leg de andere helft van de ciabatta erop en druk zachtjes aan.
f) Snijd en serveer.

73.Spinazie en artisjok gevulde ciabatta

INGREDIËNTEN:

- 1 ciabatta
- 1 (10 ounce) pakket bevroren spinazie, ontdooid en drooggeperst
- 1 (14 ounce) blik artisjokharten, uitgelekt en gehakt
- 1 kopje mayonaise
- 1 kop geraspte Parmezaanse kaas
- 1 kop geraspte mozzarellakaas
- 2 teentjes knoflook, fijngehakt

INSTRUCTIES:

a) Verwarm uw oven voor op 175°C.

b) Snijd de ciabatta in de lengte doormidden en hol de binnenkant uit.

c) Meng in een mengkom de spinazie, gehakte artisjokharten, mayonaise, Parmezaanse kaas, mozzarellakaas en gehakte knoflook.

d) Vul het mengsel in de uitgeholde ciabatta.

e) Wikkel de gevulde ciabatta in aluminiumfolie en bak ongeveer 25-30 minuten, of tot de vulling heet en bruisend is.

f) Uitpakken, snijden en serveren.

74.Mediterraanse gevulde ciabatta

INGREDIËNTEN:

- 1 ciabatta
- Hummus
- Geroosterde rode paprika, in plakjes gesneden
- Olijven (Kalamata of zwart), in plakjes gesneden
- Fetakaas, verkruimeld
- Verse rucola

INSTRUCTIES:

a) Snijd de ciabatta in de lengte doormidden.
b) Bestrijk beide kanten met een royale laag hummus.
c) Leg geroosterde rode paprika's, olijven en verkruimelde fetakaas op één kant van de ciabatta.
d) Werk af met verse rucola.
e) Leg de andere helft van de ciabatta erop en druk zachtjes aan.
f) Snijd en serveer.

75.Ciabattabrood met drie kazen

INGREDIËNTEN:
- 1 ciabattabrood
- 1 kop geraspte mozzarellakaas
- 1/2 kopje geraspte Parmezaanse kaas
- 1/2 kopje verkruimelde fetakaas
- 2 teentjes knoflook, fijngehakt
- 1/4 kop gehakte verse peterselie
- 1/4 kop olijfolie

INSTRUCTIES:
a)   Verwarm uw oven voor op 190°C.

b)   Snijd het ciabattabrood in de lengte doormidden en leg beide helften op een bakplaat.

c)   Meng in een kleine kom de gehakte knoflook, gehakte peterselie en olijfolie.

d)   Bestrijk het mengsel van knoflook en peterselie gelijkmatig over beide helften van het ciabattabrood.

e)   Strooi de geraspte mozzarella, geraspte Parmezaanse kaas en verkruimelde fetakaas gelijkmatig over de bovenkant van het brood.

f)   Bak in de voorverwarmde oven gedurende 10-15 minuten, of tot de kaas gesmolten en bruisend is en het brood goudbruin is.

g)   Haal uit de oven, snijd in plakjes en serveer warm.

76.Italiaanse Gehaktbal Gevulde Ciabatta

INGREDIËNTEN:
- 1 ciabatta
- Mini-gehaktballetjes (voorgekookt)
- Marinara-saus
- Mozzarellakaas, versnipperd

INSTRUCTIES:
a) Snijd de ciabatta in de lengte doormidden.
b) Verwarm de mini-gehaktballetjes en de marinarasaus in een pan.
c) Schep de gehaktballetjes en de saus door de ciabatta.
d) Bestrooi met geraspte mozzarellakaas.
e) Leg de andere helft van de ciabatta erop en druk zachtjes aan.
f) Snijd en serveer.

77.Cajun-garnalen gevulde ciabatta

INGREDIËNTEN:
- 1 ciabatta
- 1 pond grote garnalen, gepeld en ontdaan van darmen
- 2 eetlepels Cajunkruiden
- 2 eetlepels boter
- 1/2 kop mayonaise
- 2 teentjes knoflook, fijngehakt
- 1 eetlepel citroensap
- Gesneden sla
- Gesneden tomaten

INSTRUCTIES:
a) Snijd de ciabatta in de lengte doormidden.
b) Meng de garnalen met cajunkruiden.
c) Smelt de boter in een koekenpan en bak de garnalen tot ze gaar zijn, ongeveer 2-3 minuten per kant.
d) Meng in een kleine kom mayonaise, gehakte knoflook en citroensap.
e) Verdeel de knoflookmayo over de binnenkant van de ciabatta.
f) Leg de gekookte garnalen op de onderste helft van de ciabatta.
g) Beleg met gesneden sla en tomaten.
h) Leg de andere helft van de ciabatta erop en druk zachtjes aan.
i) Snijd en serveer.

78.Kaasachtig ciabattabrood met spinazie en artisjok

INGREDIËNTEN:

- 1 ciabattabrood
- 1 kop geraspte mozzarellakaas
- 1/2 kopje geraspte Parmezaanse kaas
- 1/2 kop gehakte gekookte spinazie (goed uitgelekt)
- 1/2 kop gehakte gemarineerde artisjokharten (goed uitgelekt)
- 2 teentjes knoflook, fijngehakt
- 1/4 kop mayonaise

INSTRUCTIES:

a) Verwarm uw oven voor op 190°C.

b) Snijd het ciabattabrood in de lengte doormidden en leg beide helften op een bakplaat.

c) Meng in een kleine kom de gehakte knoflook en mayonaise.

d) Verdeel de knoflookmayonaise gelijkmatig over beide helften van het ciabattabrood.

e) Strooi de geraspte mozzarella en geraspte Parmezaanse kaas gelijkmatig over de bovenkant van het brood.

f) Verdeel de gehakte spinazie en de gehakte artisjokharten gelijkmatig over de kaas.

g) Bak in de voorverwarmde oven gedurende 10-15 minuten, of tot de kaas gesmolten en bruisend is en het brood goudbruin is.

h) Haal uit de oven, snijd in plakjes en serveer warm.

INGREDIËNTEN:

- 1 ciabatta
- 2 kopjes draadjesvlees
- 1 kopje koolsalade
- barbecue saus

INSTRUCTIES:

a) Snijd de ciabatta in de lengte doormidden.
b) Verwarm de pulled pork.
c) Vul de ciabatta met het warme pulled pork.
d) Werk af met koolsalade.
e) Besprenkel met barbecuesaus.
f) Leg de andere helft van de ciabatta erop en druk zachtjes aan.
g) Snijd en serveer.

80.Kip Caesar Gevulde Ciabatta

INGREDIËNTEN:
- 1 ciabatta
- Gegrilde kipfilet, in plakjes gesneden
- Romaine sla, fijngesneden
- Caesar dressing
- Geraspte Parmezaanse kaas

INSTRUCTIES:
a) Snijd de ciabatta in de lengte doormidden.
b) Verdeel de Caesardressing over beide kanten van de ciabatta.
c) Leg de gesneden gegrilde kip op de onderste helft.
d) Werk af met gehakte Romeinse sla en geraspte Parmezaanse kaas.
e) Leg de andere helft van de ciabatta erop en druk zachtjes aan.
f) Snijd en serveer.

81.Kaasachtig Knoflook Kruid Ciabatta Brood

INGREDIËNTEN:
- 1 ciabattabrood
- 1/2 kop geraspte mozzarellakaas
- 1/2 kop geraspte cheddarkaas
- 1/4 kop geraspte Parmezaanse kaas
- 3 teentjes knoflook, fijngehakt
- 2 eetlepels gehakte verse peterselie
- 1/4 kopje ongezouten boter, gesmolten

INSTRUCTIES:
a) Verwarm uw oven voor op 190°C.

b) Snijd het ciabattabrood in de lengte doormidden en leg beide helften op een bakplaat.

c) Meng in een kleine kom de gehakte knoflook, gehakte peterselie en gesmolten boter.

d) Strijk de knoflook- en peterselieboter gelijkmatig over beide helften van het ciabattabrood.

e) Strooi de geraspte mozzarella, geraspte cheddar en geraspte Parmezaanse kaas gelijkmatig over de bovenkant van het brood.

f) Bak in de voorverwarmde oven gedurende 10-15 minuten, of tot de kaas gesmolten en bruisend is en het brood goudbruin is.

g) Haal uit de oven, snijd in plakjes en serveer warm.

82.Taco Gevulde Ciabatta

INGREDIËNTEN:

- 1 ciabatta
- Rundergehakt of kalkoen, gekookt en gekruid met tacokruiden
- Salsa
- Guacamole
- Zure room
- Geraspte sla
- Gesneden tomaten

INSTRUCTIES:

a) Snijd de ciabatta in de lengte doormidden.
b) Vul met gekookt en gekruid rundergehakt of kalkoen.
c) Werk af met salsa, guacamole, zure room, geraspte sla en in blokjes gesneden tomaten.
d) Leg de andere helft van de ciabatta erop en druk zachtjes aan.
e) Snijd en serveer.

83.Rosbief en mierikswortel gevulde ciabatta

INGREDIËNTEN:

- 1 ciabatta
- Gesneden rosbief
- Mierikswortelsaus
- Zwitserse kaas, gesneden
- Rode ui, in dunne plakjes gesneden
- Rucola

INSTRUCTIES:

a) Snijd de ciabatta in de lengte doormidden.

b) Verdeel de mierikswortelsaus aan beide kanten van de ciabatta.

c) Leg gesneden rosbief, Zwitserse kaas, rode ui en rucola op de onderste helft.

d) Leg de andere helft van de ciabatta erop en druk zachtjes aan.

e) Snijd en serveer.

84.Buffelkip gevulde ciabatta

INGREDIËNTEN:

- 1 ciabatta
- Gekookte en versnipperde kip (gekruid met buffelsaus)
- Blauwe kaas dressing
- Gesneden bleekselderij
- Gesneden groene uien

INSTRUCTIES:

a) Snijd de ciabatta in de lengte doormidden.

b) Gooi de gekookte en geraspte kip in buffelsaus.

c) Verdeel de blauwe kaasdressing aan beide kanten van de ciabatta.

d) Leg de buffelkip op de onderste helft.

e) Beleg met gesneden bleekselderij en groene uien.

f) Leg de andere helft van de ciabatta erop en druk zachtjes aan.

g) Snijd en serveer.

85.Pesto Kip Gevulde Ciabatta

INGREDIËNTEN:

- 1 ciabatta
- Gegrilde kipfilet, in plakjes gesneden
- Pesto saus
- Gesneden geroosterde rode paprika
- Mozzarellakaas, versnipperd

INSTRUCTIES:

a) Snijd de ciabatta in de lengte doormidden.
b) Verdeel pestosaus aan beide kanten van de ciabatta.
c) Leg de gesneden gegrilde kip op de onderste helft.
d) Beleg met gesneden geroosterde rode paprika en geraspte mozzarellakaas.
e) Leg de andere helft van de ciabatta erop en druk zachtjes aan.
f) Snijd en serveer.

86.Jalapeño Popper Kaasachtig ciabattabrood

INGREDIËNTEN:

- 1 ciabattabrood
- 1 kop geraspte mozzarellakaas
- 1/2 kop geraspte cheddarkaas
- 1/4 kopje roomkaas, verzacht
- 2-3 jalapeños, zonder zaadjes en in blokjes gesneden
- 2 teentjes knoflook, fijngehakt
- 2 eetlepels gehakte verse koriander (optioneel)

INSTRUCTIES:

a) Verwarm uw oven voor op 190°C.

b) Snijd het ciabattabrood in de lengte doormidden en leg beide helften op een bakplaat.

c) Meng in een kleine kom de zachte roomkaas, de gehakte knoflook, de in blokjes gesneden jalapeños en de gehakte koriander.

d) Verdeel het roomkaasmengsel gelijkmatig over beide helften van het ciabattabrood.

e) Strooi de geraspte mozzarella en geraspte cheddarkaas gelijkmatig over de bovenkant van het brood.

f) Bak in de voorverwarmde oven gedurende 10-15 minuten, of tot de kaas gesmolten en bruisend is en het brood goudbruin is.

g) Haal uit de oven, snijd in plakjes en serveer warm.

87.Ciabatta van gerookte zalm en roomkaas

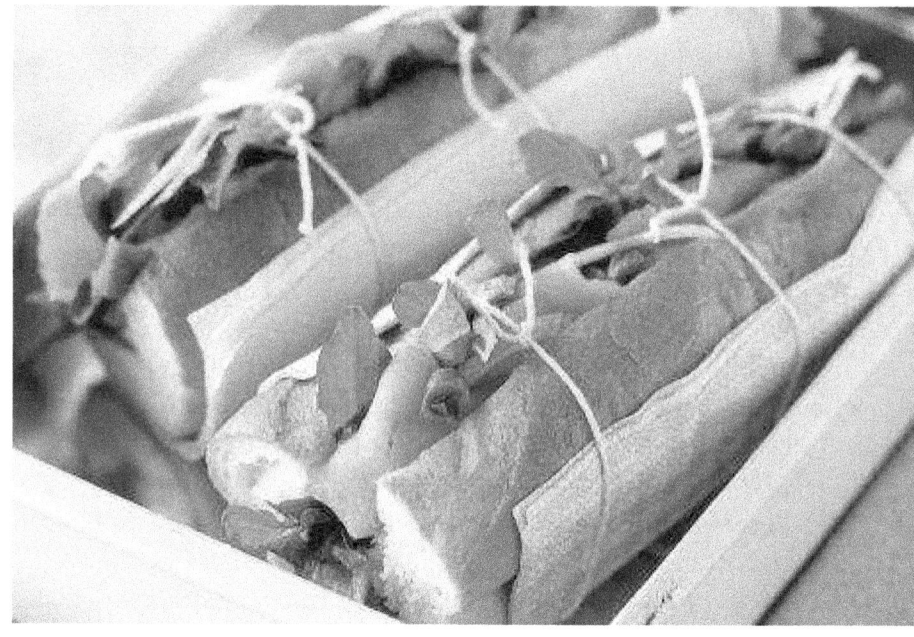

INGREDIËNTEN:
- 1 ciabatta
- Plakjes gerookte zalm
- Roomkaas
- Gesneden rode ui
- Kappertjes
- Verse dille

INSTRUCTIES:
a) Snijd de ciabatta in de lengte doormidden.
b) Verdeel roomkaas aan beide kanten van de ciabatta.
c) Leg gerookte zalm op de onderste helft.
d) Werk af met gesneden rode ui, kappertjes en verse dille.
e) Leg de andere helft van de ciabatta erop en druk zachtjes aan.
f) Snijd en serveer.

88.BLT gevulde ciabatta

INGREDIËNTEN:
- 1 ciabatta
- Spek, gekookt en verkruimeld
- Gesneden tomaten
- Sla blaadjes
- Mayonaise

INSTRUCTIES:
a) Snijd de ciabatta in de lengte doormidden.
b) Smeer mayonaise aan beide kanten van de ciabatta.
c) Leg spek, gesneden tomaten en sla op de onderste helft.
d) Leg de andere helft van de ciabatta erop en druk zachtjes aan.
e) Snijd en serveer.

89.Eiersalade Gevulde Ciabatta

INGREDIËNTEN:
- 1 ciabatta
- Eiersalade (gemaakt met hardgekookte eieren, mayonaise, mosterd en kruiden)
- Sla blaadjes
- Gesneden augurken

INSTRUCTIES:
a)   Snijd de ciabatta in de lengte doormidden.
b)   Verdeel een laagje eiersalade op de onderste helft.
c)   Beleg met slablaadjes en gesneden augurken.
d)   Leg de andere helft van de ciabatta erop en druk zachtjes aan.
e)   Snijd en serveer.

90.Met groenten en hummus gevulde ciabatta

INGREDIËNTEN:
- 1 ciabatta
- Hummus
- Gesneden komkommers
- Gesneden paprika
- Gesneden rode ui
- Gesneden zwarte olijven
- Sla blaadjes

INSTRUCTIES:
a) Snijd de ciabatta in de lengte doormidden.
b) Smeer aan beide kanten van de ciabatta een laagje hummus.
c) Leg gesneden komkommers, paprika, rode ui, zwarte olijven en sla op de onderste helft.
d) Leg de andere helft van de ciabatta erop en druk zachtjes aan.
e) Snijd en serveer.

91.Aardbeienciabatta

INGREDIËNTEN:
- 1 ciabatta
- 1 kopje verse aardbeien, in plakjes gesneden
- 8 oz roomkaas, verzacht
- 2 eetlepels poedersuiker
- 1 theelepel vanille-extract
- Schil van 1 citroen
- Verse muntblaadjes voor garnering (optioneel)

INSTRUCTIES:
a) Verwarm uw oven voor op 175°C.
b) Snijd de ciabatta in de lengte doormidden, zodat er twee helften ontstaan.
c) Leg de ciabattahelften op een bakplaat en rooster ze ongeveer 5 minuten in de voorverwarmde oven, of tot ze licht krokant zijn. Als je liever een zachtere ciabatta hebt, kun je deze stap overslaan.
d) Meng in een mengkom de zachte roomkaas, poedersuiker, vanille-extract en citroenschil. Meng tot een gladde massa en goed gecombineerd.
e) Als de ciabattahelften klaar zijn met roosteren, laat je ze een paar minuten afkoelen.
f) Verdeel het roomkaasmengsel gelijkmatig over de snijkanten van de ciabatta.
g) Leg de gesneden aardbeien op de roomkaaslaag.
h) Garneer indien gewenst met verse muntblaadjes voor een vleugje kleur en smaak.
i) Leg de twee ciabattahelften bij elkaar tot een sandwich.
j) Snijd de ciabatta met een scherp mes in individuele porties.
k) Serveer je Aardbei Ciabatta en geniet ervan!

92.Vijgen Ciabatta

INGREDIËNTEN:

- 1 ciabatta
- 8-10 verse vijgen, in plakjes gesneden
- 4 oz geitenkaas of roomkaas
- 2-3 eetlepels honing
- Verse rozemarijnblaadjes ter garnering (optioneel)

INSTRUCTIES:

a) Verwarm uw oven voor op 175°C.

b) Snijd de ciabatta in de lengte doormidden, zodat er twee helften ontstaan.

c) Leg de ciabattahelften op een bakplaat en rooster ze ongeveer 5 minuten in de voorverwarmde oven, of tot ze licht krokant zijn. Als je liever een zachtere ciabatta hebt, kun je deze stap overslaan.

d) Terwijl de ciabatta aan het roosteren is, wast u de verse vijgen en snijdt u ze in plakjes.

e) Als de ciabattahelften klaar zijn met roosteren, laat je ze een paar minuten afkoelen.

f) Verdeel de geitenkaas of roomkaas gelijkmatig over de snijkanten van de ciabatta.

g) Leg de gesneden vijgen op de kaaslaag.

h) Druppel honing over de vijgen. De hoeveelheid honing kan naar eigen smaak worden aangepast.

i) Garneer indien gewenst met verse rozemarijnblaadjes voor een geurige toets.

j) Leg de twee ciabattahelften bij elkaar tot een sandwich.

k) Snijd de ciabatta met een scherp mes in individuele porties.

l) Serveer je Vijgen Ciabatta en geniet ervan!

93.Appel Ciabatta

INGREDIËNTEN:

- 1 ciabatta
- 2-3 appels, in dunne plakjes gesneden (gebruik je favoriete variant)
- 4 oz Brie-kaas of roomkaas
- 2 eetlepels honing
- 1/4 kop gehakte walnoten (optioneel)
- Verse tijmblaadjes ter garnering (optioneel)

INSTRUCTIES:

a) Verwarm uw oven voor op 175°C.

b) Snijd de ciabatta in de lengte doormidden, zodat er twee helften ontstaan.

c) Leg de ciabattahelften op een bakplaat en rooster ze ongeveer 5 minuten in de voorverwarmde oven, of tot ze licht krokant zijn. Als je liever een zachtere ciabatta hebt, kun je deze stap overslaan.

d) Terwijl de ciabatta aan het roosteren is, wast u de appels, verwijdert u het klokhuis en snijdt u ze in dunne plakjes.

e) Als de ciabattahelften klaar zijn met roosteren, laat je ze een paar minuten afkoelen.

f) Verdeel de Brie-kaas of roomkaas gelijkmatig over de snijkanten van de ciabatta.

g) Leg de gesneden appels op de kaaslaag.

h) Druppel honing over de appels. Pas de hoeveelheid honing aan naar het gewenste zoetheidsniveau.

i) Als je wilt, kun je gehakte walnoten over de appels strooien voor een heerlijke crunch.

j) Als je verse tijmblaadjes hebt, garneer je Appel Ciabatta dan met een paar takjes tijm voor extra smaak.

k) Leg de twee ciabattahelften bij elkaar tot een sandwich.

l) Snijd de ciabatta met een scherp mes in individuele porties.

m) Serveer je Appel Ciabatta en geniet ervan!

94.Perzik en Basilicum Ciabatta

INGREDIËNTEN:

- 1 ciabatta
- 2-3 rijpe perziken, in dunne plakjes gesneden
- 4 oz verse mozzarellakaas, in plakjes gesneden
- Verse basilicumblaadjes
- 2 eetlepels extra vergine olijfolie
- 1 eetlepel balsamicoazijn
- Zout en zwarte peper naar smaak

INSTRUCTIES:

a) Verwarm uw oven voor op 175°C.

b) Snijd de ciabatta in de lengte doormidden, zodat er twee helften ontstaan.

c) Leg de ciabattahelften op een bakplaat en rooster ze ongeveer 5 minuten in de voorverwarmde oven, of tot ze licht krokant zijn. Als je liever een zachtere ciabatta hebt, kun je deze stap overslaan.

d) Terwijl de ciabatta aan het roosteren is, wast u de rijpe perziken en snijdt u ze in dunne plakjes.

e) Als de ciabattahelften klaar zijn met roosteren, laat je ze een paar minuten afkoelen.

f) Verdeel de plakjes verse mozzarella over één helft van de ciabatta.

g) Leg de gesneden perziken op de mozzarella.

h) Scheur de verse basilicumblaadjes en strooi ze over de perziken.

i) Sprenkel extra vergine olijfolie en balsamicoazijn over de perzik-en basilicumlaag.

j) Breng op smaak met een snufje zout en versgemalen zwarte peper.

k) Leg de andere helft van de ciabatta erop, zodat er een sandwich ontstaat.

l) Snijd de ciabatta met een scherp mes in individuele porties.

m) Serveer je ciabatta met perzik en basilicum en geniet ervan!

95.Ciabatta met frambozen en geitenkaas

INGREDIËNTEN:

- 1 ciabatta
- 4 ons geitenkaas
- 1 kopje verse frambozen
- 2 eetlepels honing
- Verse muntblaadjes (optioneel, voor garnering)

INSTRUCTIES:

a) Verwarm uw oven voor op 175°C.

b) Snijd de ciabatta in de lengte doormidden, zodat er twee helften ontstaan.

c) Leg de ciabattahelften op een bakplaat en rooster ze ongeveer 5 minuten in de voorverwarmde oven, of tot ze licht krokant zijn. Als je liever een zachtere ciabatta hebt, kun je deze stap overslaan.

d) Terwijl de ciabatta aan het roosteren is, was je de verse frambozen.

e) Als de ciabattahelften klaar zijn met roosteren, laat je ze een paar minuten afkoelen.

f) Verdeel de geitenkaas gelijkmatig over de snijkanten van de ciabatta.

g) Strooi de verse frambozen over de geitenkaaslaag.

h) Druppel honing over de frambozen. U kunt de hoeveelheid honing aanpassen aan uw gewenste zoetheidsniveau.

i) Garneer indien gewenst met verse muntblaadjes voor een vleugje kleur en extra smaak.

j) Leg de twee ciabattahelften bij elkaar tot een sandwich.

k) Snijd de ciabatta met een scherp mes in individuele porties.

l) Serveer je Frambozen- en Geitenkaas Ciabatta en geniet ervan!

96.Druif en Gorgonzola Ciabatta

INGREDIËNTEN:

- 1 ciabatta
- 4 oz Gorgonzola-kaas
- 1 kopje pitloze rode of zwarte druiven, gehalveerd
- 2 eetlepels honing
- Verse tijmblaadjes (optioneel, voor garnering)

INSTRUCTIES:

a) Verwarm uw oven voor op 175°C.

b) Snijd de ciabatta in de lengte doormidden, zodat er twee helften ontstaan.

c) Leg de ciabattahelften op een bakplaat en rooster ze ongeveer 5 minuten in de voorverwarmde oven, of tot ze licht krokant zijn. Als je liever een zachtere ciabatta hebt, kun je deze stap overslaan.

d) Terwijl de ciabatta aan het roosteren is, was en halveer je de pitloze druiven.

e) Als de ciabattahelften klaar zijn met roosteren, laat je ze een paar minuten afkoelen.

f) Verdeel de Gorgonzola-kaas gelijkmatig over de snijkanten van de ciabatta.

g) Schik de gehalveerde druiven op de Gorgonzola-laag.

h) Druppel honing over de druiven en kaas. U kunt de hoeveelheid honing aanpassen aan uw gewenste zoetheidsniveau.

i) Garneer indien gewenst met verse tijmblaadjes voor een geurige toets.

j) Leg de twee ciabattahelften bij elkaar tot een sandwich.

k) Snijd de ciabatta met een scherp mes in individuele porties.

l) Serveer je druif en gorgonzola ciabatta en geniet ervan!

97.Ciabatta van peer en walnoot

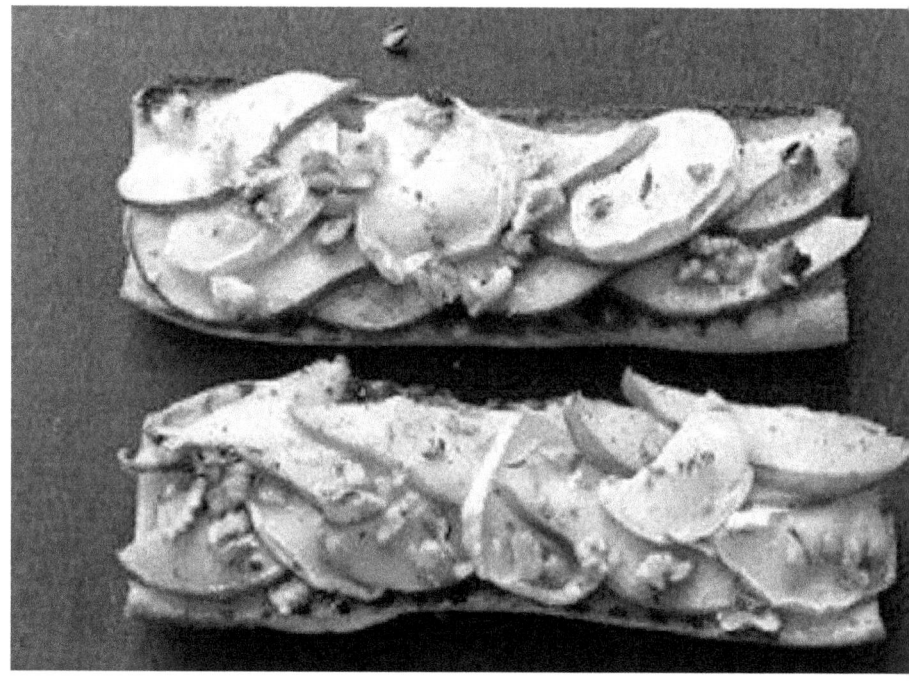

INGREDIËNTEN:
- 1 ciabatta
- 2 rijpe peren, in dunne plakjes gesneden
- 1/2 kop gehakte walnoten
- 4 oz blauwe kaas of geitenkaas
- 2 eetlepels honing
- Verse tijmblaadjes (optioneel, voor garnering)

INSTRUCTIES:
a) Verwarm uw oven voor op 175°C.

b) Snijd de ciabatta in de lengte doormidden, zodat er twee helften ontstaan.

c) Leg de ciabattahelften op een bakplaat en rooster ze ongeveer 5 minuten in de voorverwarmde oven, of tot ze licht krokant zijn. Als je liever een zachtere ciabatta hebt, kun je deze stap overslaan.

d) Terwijl de ciabatta aan het roosteren is, schilt u de rijpe peren, verwijdert u het klokhuis en snijdt u ze in dunne plakjes.

e) Als de ciabattahelften klaar zijn met roosteren, laat je ze een paar minuten afkoelen.

f) Verdeel de blauwe kaas of geitenkaas gelijkmatig over de snijkanten van de ciabatta.

g) Leg de gesneden peren op de kaaslaag.

h) Strooi de gehakte walnoten over de peren.

i) Druppel honing over de peren en walnoten. U kunt de hoeveelheid honing aanpassen aan uw gewenste zoetheidsniveau.

j) Garneer indien gewenst met verse tijmblaadjes voor extra smaak.

k) Leg de twee ciabattahelften bij elkaar tot een sandwich.

l) Snijd de ciabatta met een scherp mes in individuele porties.

m) Serveer je ciabatta met peer en walnoot en geniet ervan!

98.Mango- ciabatta

INGREDIËNTEN:

- 1 ciabatta
- 2 rijpe mango's, geschild, ontpit en in dunne plakjes gesneden
- 4 oz roomkaas of geitenkaas
- 2 eetlepels honing
- Verse muntblaadjes (optioneel, voor garnering)
- 160 gram geraspte gekookte kip (optioneel)

INSTRUCTIES:

a) Verwarm uw oven voor op 175°C.

b) Snijd de ciabatta in de lengte doormidden, zodat er twee helften ontstaan.

c) Leg de ciabattahelften op een bakplaat en rooster ze ongeveer 5 minuten in de voorverwarmde oven, of tot ze licht krokant zijn. Als je liever een zachtere ciabatta hebt, kun je deze stap overslaan.

d) Terwijl de ciabatta aan het roosteren is, schilt u de rijpe mango's, ontpit ze en snijd ze in dunne plakjes.

e) Als de ciabattahelften klaar zijn met roosteren, laat je ze een paar minuten afkoelen.

f) Verdeel de roomkaas of geitenkaas gelijkmatig over de snijkanten van de ciabatta.

g) Leg de gesneden mango's en kip op de kaaslaag.

h) Druppel honing over de mangoplakken. U kunt de hoeveelheid honing aanpassen aan uw gewenste zoetheidsniveau.

i) Garneer indien gewenst met verse muntblaadjes voor een vleugje kleur en extra smaak.

j) Leg de twee ciabattahelften bij elkaar tot een sandwich.

k) Snijd de ciabatta met een scherp mes in individuele porties.

l) Serveer je Mango Ciabatta en geniet ervan!

99.Ciabatta van bramen en ricotta

INGREDIËNTEN:

- 1 ciabatta
- 1 kopje verse bramen
- 8 oz ricottakaas
- 2 eetlepels honing
- Verse basilicumblaadjes ter garnering (optioneel)

INSTRUCTIES:

a) Verwarm uw oven voor op 175°C.

b) Snijd de ciabatta in de lengte doormidden, zodat er twee helften ontstaan.

c) Leg de ciabattahelften op een bakplaat en rooster ze ongeveer 5 minuten in de voorverwarmde oven, of tot ze licht krokant zijn. Als je liever een zachtere ciabatta hebt, kun je deze stap overslaan.

d) Terwijl de ciabatta aan het roosteren is, wast u de verse bramen voorzichtig en dept u ze droog.

e) Als de ciabattahelften klaar zijn met roosteren, laat je ze een paar minuten afkoelen.

f) Verdeel de ricottakaas gelijkmatig over de snijkanten van de ciabatta.

g) Verdeel de verse bramen over de ricottalaag.

h) Druppel honing over de bramen. U kunt de hoeveelheid honing aanpassen aan uw gewenste zoetheidsniveau.

i) Garneer indien gewenst met verse basilicumblaadjes voor een vleugje kleur en extra smaak.

j) Leg de twee ciabattahelften bij elkaar tot een sandwich.

k) Snijd de ciabatta met een scherp mes in individuele porties.

l) Serveer je Blackberry en Ricotta Ciabatta en geniet ervan!

100.Ham, kaas en kruidenciabatta

INGREDIËNTEN:

- 1½ eetlepel Actieve droge gist
- 1½ kopje warm water
- 1 eetlepel honing
- 4 kopjes (ongeveer) ongebleekte witte bloem
- ½ theelepel zout
- 4 eetlepels olijfolie
- 1½ kop In blokjes gesneden ham of varkensvlees
- ½ kopje vers geraspte Parmezaanse kaas
- 2 theelepels Gehakte verse rozemarijn
- 2 theelepels Gehakte verse tijm
- 2 theelepels Gehakte verse salie

INSTRUCTIES:

a) Doe de gist in een grote mengkom. Meng het warme water en de honing erdoor en laat het ongeveer 10 minuten op een warme plek staan, of totdat de gist is opgelost en begint te borrelen.

b) Zeef geleidelijk de bloem en het zout door het gistmengsel, onder voortdurend roeren totdat het deeg van de zijkanten van de kom begint los te laten.

c) Strooi wat bloem over een werkvlak en kneed het deeg voorzichtig gedurende enkele minuten. Snijd het deeg doormidden en rol de ene helft uit tot een rechthoek (zoals een rechthoekige pizza) van ongeveer 14 inch bij 10 inch. Bestrijk het deeg met 1½ eetlepel olijfolie.

d) Verdeel de helft van de ham over het oppervlak en druk hem voorzichtig in het deeg. Strooi de helft van de kaas erover en strooi de helft van de kruiden en flink wat verse zwarte peper over het deeg. Rol het deeg met je handen voorzichtig in de lengte, in de vorm van een lange sigaar.

e) Sluit de randen van het deeg lichtjes af. Doe het in een goed ingevette stokbroodvorm en dek af met een schone theedoek.

f) Verwarm de oven voor op 450 graden F.

g) Maak het tweede brood. Leg de twee broden op een droge, warme plek en laat ze afgedekt 15 minuten rusten.

h) Bestrijk de broden vlak voor het bakken lichtjes met de resterende 1 eetlepel olijfolie. Plaats het brood op de middelste plank van de hete oven en bak 20 tot 25 minuten, of totdat het brood een goudbruine korst heeft en hol klinkt als je op de bodem tikt.

CONCLUSIE

Nu we onze reis door de wereld van ciabattabrood afsluiten, hoop ik dat je je geïnspireerd voelt om je mouwen op te stropen, je schort af te stoffen en aan je eigen broodbakavontuur te beginnen. "DE ULTIEME CIABATTA CRE ATIEGIDS" is gemaakt met een passie voor ambachtelijk bakken en de toewijding om u te helpen het meesterschap in het maken van brood te bereiken in uw eigen keuken.

Terwijl u de kunst van het maken van ciabattabrood blijft ontdekken, bedenk dan dat de ware schoonheid van dit brood niet alleen ligt in de taaie textuur en de knapperige buitenkant, maar ook in de vreugde om het met uw dierbaren te delen. Of u nu het brood breekt met familie en vrienden, geniet van een rustig moment met een kopje koffie, of geniet van een decadent broodje, moge elke hap ciabatta u dichter bij de eenvoudige geneugten van zelfgemaakte heerlijkheid brengen.

Bedankt dat je met mij meeging op deze culinaire reis. Moge uw ciabatta-creaties altijd taai, knapperig en buitengewoon lekker zijn, en moge uw keuken een plaats van warmte, creativiteit en culinaire ontdekkingen blijven. Tot we elkaar weer zien, veel bakplezier en eet smakelijk!